Le guide fidelle des etrangers dans le voyage de france

par

C. Fleide de Saint maurice

a paris

ches estienne Loyson

1672.

A MESSIEVRS LES ETRANGERS.

JE n'ay pû refuser aux instantes prieres de plusieurs de mes Escoliers, de donner au Public, en faveur de Messieurs les Etrangers, un Voyage de France qui fut mieux digeré que celuy qui a paru depuis quelques années, dont la plûpart se sont tout-à-fait dégoûtez. J'ay trop de complaisance pour tous ceux qui me font l'honneur

ã

AUX ETRANGERS.

de se servir de moy, soit pour les Langues Françoise, Italienne & Espagnole, soit pour l'Histoire, soit pour la Geographie & autres Parties des Mathematiques necessaires à un Gentilhomme, soit pour le Blazon, soit pour la composition des Lettres en François, pour diferer plus longtemps de mettre au jour mon Ouvrage. Apres avoir tenté diverses voyes pour arriver heureusement à mon dessein, je n'ay point trouvé de methode plus claire, ny moins embarrassante que celle que je tiens. D'abord je décris Paris, (parce que c'est le Lieu où tous les Etrangers viennent fondre) toutes les Maisons Royales, & tous les Lieux de plaisance qui sont aux environs de cette belle

AUX ETRANGERS.

Ville. Ie fais suivre la Description de toutes les Routes que Messieurs les Etrangers peuvent tenir pour venir à Paris, & de toutes les Villes qui sont sur lesdites Routes. En suite je parle du petit & du grand Tour, & de tout ce qu'il y a de considerable dans les Villes qui s'y rencontrent. Ie ne me contente pas de toutes ces Descriptions, j'ay crû que je ferois plaisir à Messieurs les Etrangers de les informer des Archeveschez, Eveschez, Vniversitez, Parlemens, & autres Cours Souveraines, Duchez & Pairies. Ie leur donne de plus le recit des trois Races de nos Roys, avec leurs Devises, qui expliquent les actions les plus memorables de leur Regne & de tous

AUX ETRANGERS.

les Officiers, tant de la Maison du Roy que Couronne de France. Enfin je clos mon Ouvrage par une exacte Description de toutes les Provinces qui composent ce Royaume, des Villes & des Rivieres les plus considerables. Souvent Messieurs les Etrangers passent par des Lieux où il y a cent choses remarquables sur lesquelles ils ne font pas reflexion, pour n'en estre pas avertis. Ils trouveront donc bon, s'il leur plaist, que je les conduise, & que je leur serve de Guide dans leur Voyage.

TABLE DES MATIERES
contenuës dans cet Ouvrage.

DEscription de Paris, de Fontainebleau, de Conflans, du Bois de Vincennes, de S. Denis, de S. Germain, de Versailles, de Ruel, & de S. Clou, page 2

Route de Strasbourg à Paris, où sont décrites les Villes de Nancy, de Toul, de Châlons sur Marne, & de Meaux, 31

Autre Route de Nancy à Paris, où sont décrites les Villes de Pont-à-Mousson, de Mets, de Sedan, & de Rheims, 34

Route de Brisac & de Basle à Paris, où sont décrites les Villes de Besançon, de Dole, de Châlons sur Saone, d'Autun, de Beaune, de Dijon, de Troyes, d'Auxerre, & de Sens, 38

Route de Geneve à Paris, où sont

TABLE

décrites les Villes de Geneve, de Lyon, de Moulins, de Nevers, de Bourges, & d'Orleans, 48

Route de Peronne à Paris, où sont décrites les Villes de Laon, de Soissons, de Compiegne, & de Senlis, 74

Route de Calais à Paris, où sont décrites les Villes de Calais, de Boulogne, d'Arras, d'Abbeville, d'Amiens, de Noyon, & de Beauvais, 77

Route de Dieppe à Paris, où sont décrites les Villes de Roüen, du Havre de Grace, de Caën, de Bayeux, de Constances, d'Avranches, du Mans, d'Alençon, de Belesme, & de Chartres, 84

Description du petit Tour, où sont décrites les Villes de Blois, de Tours, de Saumur, d'Angers, de Nantes, de Rennes, de la Rochelle, de Bordeaux, de Xaintes, d'Angoulesme, de Perigueux, de Limoges, & de Poitiers, 98

Description du grand Tour, où sont

DES MATIERES.

décrites les Villes d'Agen, de Cahors, de Montauban, de Toulouse, de Narbonne, de Montpelier, de Nismes, d'Avignon, d'Orenge, d'Arles, d'Aix, de Marseille, de Toulon, de Grenoble, & de Vienne, 131

De quelques particularitez dans Paris, qui ne sont pas encore dans leur derniere perfection, 161

Des Archeveschez & Eveschez de France, 164

Des Universitez de France, 178

Des Ducs & Pairs de France, 179

Des Parlemens de France, & autres Cours de Justice, 187

Des Roys de France, & de leurs Devises, 193

Des principaux Officiers de la Maison du Roy, & Couronne de France, 213

Table Chorographique du Royaume de France, 243

Des Villes qui ont droit de faire battre Monnoye, 260

Fin de la Table.

Extrait du Privilege du Roy.

PAR Grace & Privilege du Roy, donné à Paris le 23. jour de May, l'an de grace 1672. Signé, Par le Roy en son Conseil, DU BUISSON: Il est permis au Sieur Alcide de Saint Maurice, de faire imprimer par tel Libraire ou Imprimeur qu'il voudra choisir, un Livre de sa composition, intitulé, *Le Guide Fidelle des Etrangers en France*, en un ou plusieurs Volumes, & par Matiere & Traitez separez, pendant le temps & espace de cinq ans, à commencer du jour que ledit Livre sera achevé d'imprimer pour la premiere fois : Et defenses sont faites à tous autres Libraires & Imprimeurs, & autres Personnes, de quelque qualité & condition qu'elles soient, de l'imprimer, faire imprimer, vendre & debiter, sans le consentement de l'Exposant, ou de ceux qui auront droit de luy, à peine aux contrevenans de trois mille livres d'amende, confiscation des Exemplaires contrefaits, & de tous despens, dommages & interests, ainsi que plus au long il est porté par ledit Privilege.

Registré sur le Livre de la Communauté, suivant l'Arrest de la Cour de Parlement.
Signé, SEVESTRE, Syndic.

Ledit Sieur de Saint Maurice a cedé son droit de Privilege à Estienne Loyson Marchand Libraire à Paris, pour en joüir suivant l'accord fait entr'eux.

Achevé d'imprimer pour la premiere fois le 8. jour de May 1672.

LE GVIDE
FIDELLE
DES ETRANGERS
DANS LE VOYAGE
DE FRANCE.

Es Etrangers qui passent en France pour en considerer les beautez, pour y apprendre la Langue, & pour y faire leurs Exercices, sont ordinairement, ou Allemans, sous lesquels je comprens les Polonois, les Danois & les Suedois: ou Hollandois, ou Anglois. Les Italiens & les Espagnols y viennent rarement, ils sont trop amoureux de leur Nation, & ont trop peu de disposition à l'Idiome du Païs pour y reüssir.

Les Allemans entrent pour la pluspart dans le Royaume par Strasbourg Ville de

A

la Basse Alsace, & de là par la Lorraine. Quelques-uns reontent jusques à Brisac, dans le Brisgau, & mesme jusqu'à Basle dans la Suisse, & en suite passent par la Comté de Bourgogne, dite autrement Franche-Comté: Enfin les autres traversent une partie de la Suisse, & poussent leur chemin jusqu'à Geneve, pour se laisser porter sur les Eaux du Rhosne jusqu'à Lyon.

Les Hollandois qui viennent en France par terre, se font ordinairement conduire à Cambray, & de la à Peronne Ville de Picardie ; mais ceux qui prennent la voye de la Mer, sont contraints de se commettre au gré des Vents, ou à la commodité du Pilote qui les conduit.

Pour les Anglois, ils passent tous, ou de Douvres à Calais, Ville du Comté d'Oye, qui est une dépendance de la Picardie, ou de la Rye à Dieppe, qui est un Port de Mer dans la Normandie, & toutes ces trois Nations vont ordinairement fondre à

PARIS.

Le bruit que Paris fait dans toute l'Europe, cause la demangeaison & la curiosité que la plufpart des Etrangers ont de voir cette belle Ville d'abord qu'ils arrivent en

France: Entrons-y avec eux, & preparons les à voir une huitiéme Merveille, & l'Abregé du Monde. L'Empereur Sigismond, apres avoir traversé le Royaume de France, disoit: J'ay remarqué dans ce florissant Empire, un Monde, une Ville & un Village. Ce Monde estoit Paris; cette Ville, Orleans; & ce Village, Poitiers. De quelque costé que l'on envisage Paris, tout y est illustre, sa grandeur est prodigieuse: Le nombre des Eglises, des Monasteres, des Ponts, des Places publiques, des Fontaines, des Ruës, des Bastimens superbes ou des Hostels, des Portes & des Fauxbourgs, est presque incroyable: La quantité de Peuple qu'il y a, & qui y aborde tous les jours de tous les endroits de l'Europe, la rendent la plus celebre & la plus fameuse Ville du Monde, outre que c'est le Siege du premier & du plus auguste Parlement de France, & de plusieurs autres Justices Souveraines & Subalternes: Elle est encore le séjour ordinaire du Roy, des Princes & des plus remarquables Seigneurs du Royaume qui suivent la Cour. Son assiette fait que toutes choses y sont transportées à foison; & on y trouve tout ce que l'on peut souhaiter, soit pour la commodité, soit pour le delice de la vie: Il ne faut que de l'argent, quoy que peut-estre il y en ait plus que dans toutes les autres Villes de l'Eſtat priſes enſemble.

On fait ordinairement trois Parties de Paris; ſçavoir, la Cité, la Ville & l'Univerſité. On appelle Cité la vieille Ville, qui eſt compriſe dans l'Iſle du Palais, que la Seine forme entre les deux anciennes Portes, où ſont le Grand & le Petit Chaſtelet: Vous y pouvez voir l'Egliſe Cathedrale de Noſtre-Dame, baſtie ſur Pilotis, & embellie par la liberalité de Philippes Auguſte. Il y a quarante-cinq Chapelles tout autour, & ſix Portes. Ses deux Tours ſont d'une hauteur prodigieuſe, dans l'une deſquelles il y a deux Cloches ſi groſſes qu'il faut douze Hommes à chacune pour les mettre en branle, & dont on entend le ſon à trois lieuës à l'entour; pluſieurs ſe donnent la peine d'y monter deſſus, pour voir tout à loiſir & ſans aucun obſtacle l'étenduë de Paris.

Dans la meſme Cité, ou Iſle du Palais, on voit dans l'enclos du Temple de Themis, la Sainte Chapelle, fondée par Saint Louis. Son architecture eſt eſtimée admirable; ſon vitrage a quelque-choſe de ſi particulier, que l'on n'a pas aujourd'huy l'uſage ny la manufacture de cette ſorte de vitre. Au deſſous on y voit encore une Chapelle qui eſt la Paroiſſe de l'enclos du

Palais. On tient que la Musique de la Sainte Chapelle a quelque chose de plus delicat que celle de Nostre-Dame, & il y a à voir un Tresor fort curieux.

Il y a plusieurs autres Eglises Parroissiales, comme S. Barthelemy, qui estoit la Chapelle de Hugues Capet, Comte de Paris, & premier Roy de la Troisiéme Race. Les Roys portent le Titre de Premiers Parroissiens de cette Eglise. La Magdelaine, Sainte Geneviefve des Ardans, où cette Vierge avoit accoustumé de faire ses Prieres; S. Eloy, où sont presentement les Barnabites, & beaucoup d'autres.

Dans la mesme Cité, est le Palais, où le Parlement, la Chambre des Comptes, les Requestes de l'Hostel, la Cour des Aydes & la Cour des Monnoyes, rendent la Justice: C'estoit l'ancienne demeure de nos Roys, & on y montre encore la Salle de S. Louis. La Maison du Premier President est joignant le Palais, auquel elle communique par une Galerie. La Grande Salle du Palais, est l'une des plus belles du Monde, soit pour sa largeur, soit pour sa longueur, où on trouve toute sorte de Marchands, de mesme que dans les Galeries qui sont à costé & dans la Court du Palais, où on trouve la Bource sous la Galerie Dauphine, où les Marchands s'assemblent pour conferer enfemble de leurs Affaires. Entrons maintenant dans la Ville.

La Ville eft d'une plus grande étenduë, & c'eft la partie Septentrionale de Paris dont nous allons décrire les beautez. Vous y pouvez remarquer l'Eglife S. Germain de l'Auxerrois, qui eft la Parroiffe du Louvre, fondée par Childebert, Fils de Clovis I. On voit les repréfentations de ce Roy, & de la Reyne Vultrogotte fon Epoufe, fur le Portail: S. Euftache, fort vafte & fpacieufe: S. Nicolas des Champs, fondée par le Roy Robert: S. Mederic: Les Innocens, demeure ordinaire des Juifs, que Philippes Augufte chaffa hors de France: S. Gervais, l'une des plus anciennes Eglifes de Paris: S. Jean en Gréve, où eft le Tombeau de Marie de Lorraine: S. Paul, fondée fous le Roy Dagobert. Il y a une infinité d'autres Eglifes, tant Parroiffiales que Collegiales & Religieufes, de l'un & de l'autre Sexe, defquelles nous fortirons avec refpect, pour entrer dans ces beaux Baftimens qui font l'ornement de la Ville.

D'abord le Louvre fe prefente à nos yeux; c'eft la demeure des Roys de France depuis Louis XII. Philippes Augufte donna les commencemens à ce fuperbe Edifice, tant pour y mettre fes Titres & Finances, que pour en faire un lieu de seureté pour les Seigneurs de sa Cour qui faisoient quelque faux pas. On fit le Desseing du Louvre, tel que nous le voyons aujourd'huy: Sous François I. on le continua, en suite sous Henry II. & Charles IX. Henry IV. le joignit par une grande Galerie, au Palais des Thuileries, que Catherine de Medicis fit bastir, dont l'Escalier tournant en Limaçon & suspendu en l'air sans aucun noyau qui appuyât ou soûtint ses marches, estoit l'un des plus beaux Chefs-d'œuvres d'architecture, & l'une des plus hardies Pieces de France ; mais il a esté abbatu. Louis XIII. de Triomphante memoire, l'augmenta de quelque chose ; & le Roy Louis Auguste, regnant aujourd'huy glorieusement sur les François, y fait travailler avec tant d'assiduité, que l'on se doit promettre l'achevement de cet auguste Temple des Lys, en nos jours. Joignant le Palais des Thuileries, vous pouvez entrer dans le Jardin du mesme nom, où vous trouverez tout riant & fleury.

Proche le Louvre, on y voit dans la Ruë S. Honoré, le Palais Royal, basty par le Cardinal Duc de Richelieu, qui le laissa par Testament à Louis XIII. dont il estoit le premier Ministre : Philippes de France, Frere Unique du Roy, le possede à present.

A iiij

Outre ces deux superbes Edifices, il y a dans la Ville, l'Hostel de Vendosme dans la Rue S. Honoré, l'Hostel de Guyse vers les Marais, l'Hostel de Lorraine, & plusieurs autres; comme sont ceux de Nemours, de Chevreuse, d'Espernon, de Souvré, de Schomberg, de Gramont, de Soissons, de Longueville, de Brissac, de S. Paul, d'Angoulesme, d'Estrées, de Roquelaure, de Crequy, de Montmorency, de L'hospital, de S. Chamont, de Villeroy, d'Aumont, de Senecterre, & autres, dont vous pouvez voir les plus curieux.

Il y a encore à considerer dans la Ville, l'Hostel de Ville, scitué en la Place de Gréve, embelly par François I. & par François Miron, Lieutenant Civil & Prevost des Marchands, pendant sa Magistrature. L'Arsenal basty par Henry II. augmenté par Charles IX. & achevé par les soins de Monsieur de Rosny, Sur-Intendant & Grand Maistre de l'Artillerie. La Bastille joignant la Porte S. Antoine, élevée par Hugues Aubriot, Prevost de Paris, pour servir de Rempart contre les Anglois: Aujourd'huy elle sert de lieu de seureté pour les Prisonniers d'Estat. Le Grand Chastelet basty par Julien l'Apostat Gouverneur des Gaules pour les Romains: Il s'en servoit comme d'une Forteresse, pour y recevoir les Tributs du Royaume. Philippes Auguste qui le fit rétablir, le destina au service de la Justice. „Le Petit Chastelet qui sert aujourd'huy de Prison, & qui n'estoit auparavant qu'une Tour, fut élevée par le mesme Hugues Aubriot dont nous avons parlé, pour arrester les courses des Escoliers de l'Université, qui entroient souvent & faisoient des desordres considerables dans la Ville.

Il est temps que nous en sortions, & que nous passions dans le Païs Latin, pour y voir ce qui s'y passe. L'Université est la troisiéme partie de Paris, la plus Meridionale & plus élevée ; aussi est-ce le Helicon & le Parnasse des Muses. On y compte cinquante-cinq Colleges, tant Seculiers que Reguliers. Les principaux, sont la Maison de Sorbonne, fondée par Robert Sorbon, Valet de Chambre du Roy S. Louis : le feu Cardinal Duc de Richelieu, Bienfaicteur & Proviseur de cette Maison, l'a mise en l'estat auquel on la voit aujourd'huy ; son Corps repose dans la Chapelle. La Maison de Navarre, autrement dite de Champagne, fondée par Jeanne de Navarre, Comtesse Palatine de Champagne, & Epouse de Philippes le Bel. Le College de Harcourt, fondé par Raoul de Harcourt, Chanoine de Paris, en faveur des pauvres Etudians des quatre Diocezes, de Constance, de Bayeux, d'Evreux & de Roüen: Il y en a plusieurs autres qu'il vous sera permis de visiter, si l'envie vous en prend; mais auparavant que d'abandonner ce charmant séjour des Muses, il faut que je vous avertisse que l'on tient qu'anciennement le College de Cluny, estoit la Maison de Julien l'Apostat, Gouverneur des Gaules, qui fut nommée la Tour, le Chasteau, ou le Palais des Thermes, c'est à dire des Bains chauds & Etuves, dont on faisoit venir les eaux d'Arcueil par des Canaux de plomb sous terre.

D'autres disent, conformément à ce qui se trouve au Livre 2. de Julius Celsus, *de Bello Galico*, que Cesar apres avoir rendu les Parisiens tributaires des Romains, fit bastir en ce lieu la Tour ou Palais des Thermes, où l'on alloit payer les Tributs aux Termes prescrits & ordonnez.

Les Eglises les plus considerables de l'Université, sont S. Severin, S. André des Arcs, S. Benoist, S. Estienne des Grecs, S. Estienne du Mont, & à costé Sainte Geneviefve, fondée par Clovis I. & bastie à l'endroit où ce pieux Monarque avoit son Palais: On y void la Chasse de cette Sainte, à laquelle on attribuë plusieurs

Miracles; & on ne la descend jamais sans une pressante necessité publique. Lors qu'un Pape fait son Entrée dans Paris, comme il s'est veu quelquefois, l'Abbé de Sainte Geneviefve seul, a l'avantage de le recevoir par cette Porte murée qui répond au Jardin, entre les Portes S. Marcel & S. Jacques.

Je ne dis rien de l'Isle Nostre-Dame, qui fait comme une quatriéme partie de Paris, parce qu'il n'y a rien à considerer que la beauté de ses Bastimens, qui sont exposez à la veuë de tout le monde. Passons aux autres Particularitez qui sont remarquables.

Des Hospitaux, Ponts, Fontaines, Places publiques & Portes de Paris.

Les Hospitaux qui se trouvent dans l'enceinte de Paris, sont les Quinze-Vingts, que S. Louis fonda dans la Ruë S. Honoré, en memoire de cinq cens Chevaliers ausquels les Infidelles creverent les yeux dans la Guerre que ce pieux Monarque entreprit contre eux ; on n'y reçoit que des Aveugles : Celuy de S. Iacques dans la Ruë S. Denys, fondé par Charlemagne, en faveur des Pelerins : L'Hostel-Dieu, proche Nostre-Dame, fondé par S. Louis,

& augmenté par la pieté & par la liberalité d'Antoine du Prat, Chancelier de France, & en suite Cardinal ; ce sont des Religieuses qui prennent le soin des pauvres Malades, avec un zele que j'ay souvent admiré. Les Hospitaux de S. Gervais & de Sainte Catherine, ont esté établis pour les pauvres Etrangers, où ils sont logez & couchez une nuit. Ceux des Enfans Rouges, de la Trinité, & du S. Esprit, ont esté fondez pour élever & instruire les pauvres Orphelins & pupilles de l'un & de l'autre Sexe, jusques à ce qu'ils soient capables de quelque Mestier, que l'on leur fait apprendre pour s'en pouvoir entretenir le reste de leurs jours. Il y a d'autres Hospitaux dans les Fauxbourgs, dont nous parlerons ensuite.

Les Ponts les plus considerables de Paris, sont le Pont-Neuf, & le grand Pont Nostre-Dame. Celuy-là fut commencé par la Reyne Catherine de Medicis & par le Roy Henry III. son Fils, qui y mit la premiere Pierre. Henry IV. l'acheva, & l'on y voit sa Statuë de Bronze, posée sur un magnifique pied-d'estal de Marbre blanc, dont les quatre Tables representent ses Batailles & ses Victoires. Celuy-cy qui n'estoit que de bois, fut fait de pierre l'an 1507. Jean Jucundus-Cordelier, Veronnois, en fit le Deſſeing; & l'on voit en l'une de ſes Arches ce Diſtique gravé à ſon honneur.

Iucundus geminos poſuit tibi ſequana Pontes,
Hunc tu jure potes dicere Pontificem.

Les Figures de tous les Roys de France, depuis Pharamond, juſqu'à Louis XIV. aujourd'huy regnant, qui ſont des deux coſtez du Pont à plate peinture, en font un bel ornement. Les autres ſont le Petit-Pont Noſtre-Dame, le Pont S. Michel, & le Pont au Change, duquel il y a une communication au Grand Pont Noſtre-Dame par le Quay de Geſvres. Dans l'Iſle d'un coſté il y a le Pont de la Tournelle, qui va aboutir à l'Univerſité vers la Porte de S. Bernard, & de l'autre le Pont Marie, du coſté de l'Arſenal: Il y en a un troiſiéme de bois, qui communique de l'Iſle Noſtre-Dame dans celle du Palais, que l'on appelle le Pont au Double, à cauſe qu'il en faut payer un, quand on y paſſe, de meſme que ſur le petit Pont de l'Hoſtel-Dieu, qui communique du Cloiſtre Noſtre-Dame dans l'Univerſité. Le Pont Rouge eſt auſſi baſty de bois, qui communique du Fauxbourg S. Germain au gros Pavillon des Thuilleries; il y en a qui le nomment de ce Nom.

Les soins de feu Monsieur Miron, dont nous avons parlé, ont embelly Paris de plusieurs Fontaines, qui se répandent par toute la Ville. On y voit celles du Palais, du Ponceau, des Halles, de la Reyne, de S. Lazare, de la Croix du Tiroir, de Sainte Catherine, des Filles Repenties, des Filles Dieu, du Palais des Thuilleries, & autres, sans y comprendre les particulieres qui se trouvent dans la pluspart des Hostels des Princes & grands Seigneurs.

Pour les Places publiques, la plus considerable est la Place Royale, en la Ruë S. Antoine, au milieu de laquelle est la Statuë de Bronze du feu Roy Louis XIII. de Triomphante memoire, sur un magnifique pied-d'estal. Les autres sont le Cimetiere S. Jean, où l'on tient le Marché les Mercredis & Samedis. Au devant de l'Hostel de Ville est la Place de Gréve, qui est ordinairement destinée pour le Suplice des Criminels condamnez à la mort. La Place du Marché-Neuf est entre le Palais & Nostre-Dame ; On y voit une Horloge d'une structure admirable, laquelle imite en quelque façon celle de Strasbourg. Proche le Pont Neuf est la Place Dauphine, bastie par la Communauté des Orphevres. Au bout du Pont S. Michel il y en a encore une dont on se sert de Marché les Mercredis & Samedis. Et dans l'Université se remarque la Place Maubert, qui sert aussi de Marché pour toutes sortes de denrées : Pour la Place de Sorbonne, elle est consacrée aux Muses; Mais de toutes les Places publiques de Paris où le Marché se tient, il n'y en a point de plus considerable que les Halles, entre S. Eustache & S. Innocent : On y trouve tout ce que l'air, la terre, la Mer, les Rivieres, les Vergers, les Parterres & les Jardins ont de plus rare & de plus beau; aussi dit-on communément que les Halles sont le plus beau Jardin & le plus rare Parterre de la France. Dans les Halles, on y comprend la petite & grande Friperie, la Lingerie & la Cordonnerie, avec une infinité de Marchands qui sont sous les Pilliers.

Les Portes de Paris sont les Portes de S. Antoine, du Temple, de Saint Martin, de S. Denys, de Montmartre, de Richelieu, de S. Honoré, de la Conference, Dauphine, de Bussy, de S. Germain, de S. Michel, de S. Jacques, de Saint Marcel, de S. Victor, & de S. Bernard, ou de la Tournelle, à laquelle tient une Prison, où sont gardez les Criminels qui sont condamnez aux Galeres. Voila toutes les Portes qui environnent Paris.

d'où il est temps de sortir pendant qu'elles sont ouvertes, pour entrer dans les Fauxbourgs.

Fauxbourgs de Paris.

Il n'y a presque point de Porte à Paris, qui ne soit accompagnée d'un Fauxbourg. Le plus considerable est le Fauxbourg S. Germain, qui égale en grandeur, & dans la magnificence des Bastimens & des Rues, la plus belle Ville de France.

Il n'y a qu'une seule Parroisse appellée S. Sulpice, dont l'Eglise sera une des plus superbes de Paris. Tout aupres il y a le Seminaire, qui est un Bastiment magnifique, où plusieurs Prestres Seculiers se retirent pour y étudier, & s'exercer dans la vie spirituelle.

L'Abbaye S. Germain est digne d'estre veuë, de mesme que sa Bibliotheque, où on trouve des Livres fort anciens & des Manuscrits du temps des Apostres. Childebert Fils de Clovis I. dont on voit le Tombeau derriere le grand Autel, en jetta les fondemens : On y voit encore ceux de Chilperic, Fils de Clotaire I. de Fredegonde sa Femme, à costé de celuy de Bertrude, Femme de Childebert & de Clotaire II. avec leurs Epitaphes.

L'Abbé

L'Abbé de S. Germain, qu'on nomme des Prez, est Seigneur de tout le Fauxbourg ; & on tient que la Maison Abbatiale estoit le Temple de la Déesse Isis, Tutelaire des Parisiens, lors qu'ils vivoient encore dans les tenebres de la Gentilité. Il y a encore plusieurs autres Eglises de Religieux.

L'Hospital de la Charité, fondé par Henry IV. en faveur des Gentils-hommes, Capitaines & Soldats estropiez ; c'est une des choses des plus considerables du Fauxbourg. Ce grand Monarque institua ce lieu à l'imitation de Pisistrat à Athenes, d'Auguste à Rome, d'Agamennon en Grèce, ou plutost à celle du grand S. Louis, dont il estoit le digne rejetton, qui établit l'Hospital des Quinze-Vingts pour les raisons que nous avons dites. Il y a encore les Petites-Maisons, pour les pauvres Gens âgez de l'un & de l'autre Sexe, les Ladres, & les Insensez : De mesme que les Incurables, qui est un Hospital celebre, fondé par le feu Cardinal de la Rochefoucault.

L'un des plus beaux ornemens de ce Fauxbourg, est le Palais d'Orleans, auparavant appellé Luxembourg, parce que l'Hostel du mesme nom y estoit. La Reyne Marie de Medicis l'a fait bastir sur le modele de celuy de Florence : Outre ce

B

Palais, il y a encore beaucoup d'autres Edifices fort magnifiques, comme le Petit Luxembourg, l'Hostel de Condé, l'Hostel de Conti, l'Hostel des Ambassadeurs Extraordinaires, l'Hostel de Ventadour, & plusieurs belles Academies, où on montre les Exercices propres à la Noblesse; La Foire, dite de S. Germain, dont l'ouverture se fait le lendemain de la Feste de la Chandeleur. On entre dans ce Fauxbourg par cinq Portes, duquel il est temps de déloger pour passer dans les autres.

Le Fauxbourg S. Antoine, qui est le chemin pour aller à Vincennes, a une fort belle Abbaye de Filles de l'Ordre de Saint Bernard. Joignant ce Fauxbourg est celuy de Charonne, que le grand nombre de Maisons Religieuses rend recommandable, & au bout on trouve le Couvent de Picpuce de Religieux du Tiers Ordre de S. François, où il y a de belles Grotes à considerer.

Le Fauxbourg S. Martin, qui est d'une prodigieuse longueur, joüit du Privilege d'une Foire qui s'y tient quinze jours durant, depuis la Feste de S. Laurens, & qui a esté établie à l'instar de celle de S. Germain.

Le Fauxbourg S. Denys, qui est joignant celuy de S. Martin, a le Prieuré Royal de S. Lazare, donné aux Peres de la Mission.

Le Fauxbourg Montmartre aboutit à la

Montagne du mesme nom, qui est habitée par plus de six-vingts Vierges de l'Ordre de S. Benoist, fondées par Louis VI. & la Reyne Adelhaïde sa Femme: On y voit la Grote dans laquelle S. Denys se retiroit; & on tire de cette Montagne une si grande quantité de Plastre, que de là est venu le Proverbe, Qu'il y a plus de Montmartre à Paris, que de Paris à Montmartre.

Le Fauxbourg S. Honoré est de fort petite étenduë, la plus grande partie ayant esté enfermée dans l'enclos de Paris, par le feu Cardinal de Richelieu; mais joignant on trouve la Ville-l'Evesque & le Roule, qui est le chemin pour aller à S. Germain en Laye.

Le Fauxbourg S. Michel n'est considerable, que par la Maison des Chartreux, qui est bastie au lieu où il y avoit un Chasteau Royal, appellé de Vauvert, inhabitable à cause des Spectres qui l'infectoient. La Ruë où ces Religieux sont, s'appelle encore la Ruë d'Enfer, du Diable de Vauvert.

Le Fauxbourg S. Jacques a cette celebre Eglise du Val de Grace, embellie par la pieté & par la liberalité de feuë la Reyne Anne d'Austriche. Celle des Carmelites merite encore d'estre veuë. Tout ce Fauxbourg est suspendu en l'air, à cause des

Carrieres, d'où on tire la pierre pour bastir, & on y peut entrer avec liberté.

Le Fauxbourg S. Marcel s'est rendu recommandable par la teinture des Gobelins en Escarlate, qui égale le lustre de celle de Londres. On y voit encore le Jardin Royal des Simples, dont il y en a quantité des plus rares & des plus curieux.

Le Fauxbourg S. Victor a l'Abbaye du mesme nom, fondée par Louis le Gros, dont la Bibliotheque est l'une des plus celebres de toute l'Europe, soit pour la rareté, soit pour la quantité des Livres qui s'y trouvent, & principalement des Manuscrits. Il y a dans ce Fauxbourg plusieurs Hospitaux & plusieurs Maisons Religieuses que l'on peut voir par maniere de divertissement.

Voila à peu pres ce qu'il y a à considerer de plus remarquable, soit dans la Ville, soit dans les Fauxbourgs de Paris, où il y a long-temps que nous nous promenons. Je crois que nous ne ferions pas mal de voir ses dehors, & de nous aller promener aux Lieux les plus considerables qui sont aux environs de la Ville. Commençons par Fontainebleau.

FONTAINEBLEAU.

Pour aller de Paris à Fontainebleau, on va difner a Eſſone à ſix lieuës de Paris, au Lyon d'or ; il y a là auprès à voir une Maiſon baſtie par feu M. Hincelin, dans laquelle on trouve quantité de Curioſitez & de belles Peintures : En ſuite on pourſuit ſon chemin, qui eſt de huit lieuës de France, & on peut s'aller repoſer au Croiſſant pour ſe délaſſer un peu. François I. donna le commencement à cette Maiſon ; Henry II. & Charles IX. y firent quelques Décorations ; mais Henry IV. luy donna la derniere perfection ; & Louis XIV. à preſent regnant l'a beaucoup embellie, & principalement de ce beau Canal, que les Nayades ſemblent avoir formé pour y faire leur ſejour. Il y a une infinité de belles choſes à conſiderer, dont je me contenteray de décrire les plus conſiderables : Je ne ſçache point d'avoir veu une plus magnifique Maiſon, ny en Italie, ny en Angleterre, ny dans les Païs Bas, ny dans toute l'Allemagne. Ce qui ſe preſente d'abord à conſiderer, eſt le Jardin de la Reyne, où ſe voit une tres-belle Fontaine, avec deux Jeux de Paulme, dont l'un eſt couvert & l'autre découvert, pour le divertiſſement du Roy & des Seigneurs qui sont à la Cour: De là on passe à la Voliere longue de deux cens soixante & dix pas, où il y a une infinité d'Oyseaux: En suite on va voir la Galerie des Cerfs, où la Chasse du Cerf, du Loup & du Sanglier, est admirablement bien representée: De tous les deux costez on voit des Bois de Cerfs qui la parent, & la veuë se peut divertir à y considerer le Plan des Chasteaux de Fontainebleau, de S. Germain, de Villercoterets, de Chambort, de Monceaux, de Verneüil, de Madrid, du Louvre, de Compiegne, du Bois de Vincennes, d'Amboise, & d'autres Maisons Royales. En sortant de cette Gallerie, on entre dans la Chambre du Conseil, puis dans la Chambre des Estuves, soit seches, soit à se laver. Joignant cette Chambre, on trouve une Chapelle que Henry II. fit commencer, & que Henry IV. acheva. D'icy on peut passer à la Chambre neuve, où on voit Madame Gabrielle en façon de Diane. En suite on trouve une grande Galerie que l'on dit estre l'ouvrage de Charles IX. & dont les fenestres sont embellies de plusieurs Emblêmes tres-beaux; au bout se voit le Siege & la Prise d'Amiens par Henry le Grand: En suite on trouve la Chambre & le Cabinet de Madame Gabrielle, au sortir de laquelle on entre dans la petite Galerie de François I. puis encore dans une autre ornée de Bustes de marbre; apres laquelle on trouve la Chambre & le Cabinet du Roy, la Chambre & Antichambre de la Reyne, où nasquit Louis XIII. & tout aussi-tost l'Antichambre du Roy. Il y a quatre fort belles Salles à considerer; sçavoir, la Salle des Gardes, où les Victoires de Charles VII. sur les Anglois sont representées. La Salle des Festins tres-magnifique; la Salle des Bals fort grande & spacieuse; & enfin la Salle de la Comedie, où on voit quantité de curiositez.

Sortons du Chasteau pour nous aller promener dans les Jardins, dont le premier est le Jardin du Roy, embelly de quantité de belles Statuës: En suite il y a le Jardin de la Fontaine, où il y a une infinité de belles Allées d'Arbres fruitiers; le Jardin des Pins, qui est d'une prodigieuse grandeur; le Jardin des Estangs, où il s'en trouve des plus beaux: Enfin le Jardin de la Reyne, où se voit une infinité de Fleurs de toute sorte.

Les Courts, sont la Court de la Fontaine, qui est tres-belle & tres-agreable; la Court du Donjon, où est l'Horloge; la Court des Officiers, où ils logent lors que le Roy est à Fontainebleau; & la Court du Cheval Blanc, fait de plastre d'un artifice admirable.

VAVX.

D'icy on peut passer par Melun, pour aller à Vaux le Vicomte, qui est une des plus magnifiques Maisons des environs de Paris, pour l'embellissement de laquelle il semble que Monsieur Foucquet Sur-Intendant des Finances du Royaume, ait forcé la Nature : L'Italie n'a rien de plus admirable que les eaux qui se voyent icy, & on ne perd pas son temps d'aller voir cette Maison.

CONFLANS.

La Maison de Conflans est scituée à l'endroit où la Marne mesle ses eaux avec celles de la Seine, & c'est de là qu'elle tire son nom. Les Chambres sont superbement meublées, & ornées d'une infinité de belles Cheminées & de rares Tableaux. Il y a une Galerie dont la voûte est toute peinte & dorée, & dont les costez sont embellis d'une infinité de Peintures travaillées en Italie, qui representent quantité de Roys & de Princes, de Papes, d'Empereurs, de Generaux d'Armées, de Capitaines & de

Gens

Gens de Lettres. Les Jardins presentent tout ce que l'on sçauroit souhaiter de plus agreable à la veuë, au flairer & au goust; mais ne touchons à rien, & sortons-en promptement, de peur d'estre tentez.

LE BOIS DE VINCENNES.

Le Chasteau de Vincennes fut commencé par Philippes de Valois, & achevé par Charles V. qui fit bastir la Sainte Chapelle, desservie par quinze Chanoines. Il ne reste du vieux Bastiment, qu'une grosse Tour & le Donjon, qui sert de seureté pour les Princes & pour les Seigneurs qui manquent à leur devoir envers le Roy. Le nouveau Bastiment a esté élevé par les soins du feu Cardinal Mazarin. Le Parc est tres-beau & d'une grande étenduë, dans lequel on voit un Monastere de Peres Minimes, que nous laisserons dans leur solitude, pour aller considerer l'Abbaye de S. Denys.

S. DENYS.

L'Abbaye de S. Denys est l'ouvrage de Dagobert I. onziéme Roy de France, dont il fit couvrir l'Eglise d'argent pur. Ce qu'il y a aujourd'huy de plus beau à considerer, sont les Tombeaux de quantité de Roys.

qui y sont ensevelis ; car de tout temps ç'a esté leur Sepulture ordinaire. On y voit encore à costé de l'Eglise la Salle du Tresor, qui consiste en quantité de Reliques, & de plusieurs choses fort rares & fort curieuses, qui sont specifiées dans un petit Livre que l'on y vend, & que l'on peut acheter pour soulager sa memoire. Il y a dans le Monastere une fort belle Fontaine, & on y trouve de tous costez quantité de Statues qui estoient les Idoles des anciens Gaulois; ce qui marque son ancienneté, sur laquelle nous ne nous étendrons point davantage.

S. GERMAIN.

La Maison Royale de S. Germain, comprend le vieux & le nouveau Chasteau. Charles V. jetta les fondemens du vieux; mais François I. luy donna sa derniere perfection : C'est un ouvrage tout basty de brique, & les Chambres au nombre de soixante-trois sont fort richement meublées.

Le Chasteau neuf reconnoist Henry IV. pour son Fondateur : Il y a à voir les Appartemens du Roy & de la Reyne, avec leurs Galeries toutes voutées & embellies de plusieurs Emblémes & de Peintures fort riches.

Les Grotes aufquelles on defcend du Chafteau neuf, par un double Efcalier de pierre, font le plus bel ornement de S. Germain, qui peut difputer de l'artifice de fes eaux, avec les lieux les plus achevez d'Italie. Il femble que l'Art fe foit épuifé à former tant de belles chofes qui s'y remarquent, & qu'il ait concouru avec la Nature pour l'embelliffement de S. Germain, dont l'affiette le rend tres-agreable, & luy fournit un air pur & fort fain: Si Fontainebleau a fes avantages fur S. Germain, S. Germain a les fiens fur Fontainebleau.

Les deux Chafteaux font feparez par une belle Plaine fort grande & fpacieufe toute couverte de gazon; à cofté il y a un Parc fermé de murailles, dans lequel on trouve un fort beau Jeu de Mail, le long duquel il y a des Pavillons quarrez faits exprés pour repofer, ou pour y loger les Spectateurs. Au deffous eft le lieu des Cerfs & des Oyfeaux les plus rares. Nous y pourrions confiderer beaucoup d'autres chofes fort curieufes, fi nous n'eftions appellez ailleurs.

VERSAILLES.

Le feu Roy Louis XIII. donna vogue à cette Maifon, à caufe de la commodité de la Chaffe; mais Louis XIV. aujourd'huy regnant heureusement sur la Monarchie Françoise, l'a embellie autant que la petitesse du lieu l'a pû permettre : Elle cede sans doute en étenduë aux autres Maisons Royales dont nous avons parlé ; mais non pas en gentillesse, ny dans les agrémens que l'on peut desirer en une Maison de Campagne. Le Roy y va souvent & s'y plaist beaucoup; ne troublons pas ses plaisirs, & prenons le chemin de Ruel.

RVEL.

A regarder la Maison de Ruel par les apparences exterieures, on diroit que c'est une Maison commune & ordinaire ; mais si vous y entrez dedans vous trouverez le tout si bien pratiqué, qu'il ne se peut rien voir de mieux. La disposition que l'on y remarque des Appartemens du Roy, & de feu le Cardinal de Richelieu, avec toutes leurs dépendances, est un témoignage de la suffisance & de l'étenduë de l'Esprit de ce grand Ministre, qui de petites choses en faisoit de grandes, & qui sçavoit humilier le faste & l'orgueil, quand ils estoient contraires aux interests de la France. La Maison est accompagnée d'un fort beau Parc fermé de murailles, où on trouve quantité de jets d'eau d'un artifice admirable; & si vous voulez avoir le plaisir de faire aller les Cascades, la diversité du roulement des eaux est si agreable, que je ne crois pas qu'il faille épargner un escu & se priver d'un divertissement si charmant.

S. CLOV.

Ce lieu s'appelloit auparavant Nogent, & changea son nom en celuy de S. Clou, par cette rencontre. Apres le partage des Estats de Clovis I. par ses Enfans, Clodomir Roy d'Orleans ayant esté tué dans une Bataille par Godemar, que les Bourguignons avoient reconnu pour leur Roy, à la place de Sigismond Fils de Gondebaud, qu'il avoit fait jetter dans un Puits, & dont il avoit envahy le Royaume, laissa trois Fils, qui demeurerent au pouvoir de Clotilde leur Grand' Mere, & Femme de Clovis. Ses trois Freres Childebert, Clotaire & Theodoric, partagerent entr'eux le Royaume de Bourgogne, apres la mort de Godemar qui s'estoit retiré en Affrique, sous la protection des Vvendales, & pour n'estre pas troublez dans la possession de cet estat retirerent adroitement les trois Fils de Clodomir des mains de Clotilde, vers laquelle ils envoyerent en suite, & luy firent presenter des Ciseaux & une Epée, pour luy dire qu'elle avoit le choix de conferver la vie à ces trois innocens pupilles, & fouffrant que l'on les confina dans un Monaftere ; mais cette Princeffe ayant témoigné qu'elle ne feroit pas bien aife qu'ils époufaffent un Cloiftre, Clotaire maffacra les deux premiers en prefence de Childebert, & le troifiéme qui s'appelloit Clou, s'eftant échapé de fes mains fe fit Preftre, & fe retira à Nogent à deux lieuës de Paris, où il vefcut fi faintement, qu'il merita d'eftre mis au nombre des Saints, & laiffa fon illuftre Nom à cette Bourgade, où l'on voit la belle Maifon qui a efté donnée par le Roy, à Monfieur fon Frere Unique. Ce Prince y a fait toutes les Decorations poffibles; & la beauté des Jardins, des Allées, des Fontaines, des Grotes & des Cafcades, la rendent l'une des plus agreables & des plus delicieufes des environs de Paris.

Il s'en trouve beaucoup d'autres ; mais qui n'égalent pas celles dont je viens de faire la peinture: Comme S. Maur, Charenton ; l'Hofpital S. Louis, bafty par Henry IV. Madrid élevé par François I. Maifons, proche Saint Germain; Meudon, peu éloigné de S. Clou; Gentilly; Biffeftre, qui fert aujourd'huy d'Hofpital General; Arcueil, ainfi dit des Arcs & des Aqueducs que les Romains y éleverent;

que Henry IV. & Marie de Medicis son Epouse ont reparé, & que l'on entretient aujourd'huy avec un grand soin, parce que Paris en reçoit toute la commodité des eaux.

Comme nous n'avons rien dit de ce que les Etrangers qui passent en France peuvent voir dans le chemin, allant à Paris, il ne sera pas hors de propos de leur donner quelques avis, afin que rien n'échape à leur curiosité. Nous commencerons donc par ceux qui de Strasbourg vont à Paris.

Route de Strasbourg à Paris.

NANCY.

LEs Etrangers qui se rendent à Strasbourg pour aller à Paris, vont ordinairement passer à Nancy; C'est la Ville Capitale du Duché de Lorraine, qui passoit pour une Ville imprenable, & pour la meilleure fortification de l'Europe, auparavant que l'on eust démoly ses Remparts & ses Bastions : Ce fut devant cette Ville fameuse que Charles dernier Duc de la Maison de Bourgogne fut tué, dont la Fille Marie unit les Dix-sept Provinces à la Maison d'Austriche, par son Mariage avec l'Empereur Maximilian. Elle est assise près de la Riviere de Marte, dans une Plaine des plus agreable. On trouve dans l'Eglise de S. George les Tombeaux des Ducs, qui sont fort magnifiques. Le Palais des Ducs ne doit pas estre negligé: Il y a plusieurs Peintures & Emblêmes à remarquer; & parmy quantité de choses rares & curieuses, on y voit une Statuë de bois, dont tous les muscles du corps remuënt & sont cousus ensemble avec un artifice des plus admirable. Pour aller de Strasbourg à Nancy, on passe par Saverne, Siege de l'Evesque de Strasbourg, par Philisbourg premiere Place de Lorraine, par Surberg, Blanckenburg, Luneville Place bien fortifiée; & enfin par S. Nicolas à deux lieuës de Nancy, où l'on trouve une magnifique Eglise, qui a deux Tours, en l'une desquelles on remarque la Devise du feu Charles de Lorraine Cardinal, Evesque de Mets, & Prieur de cette Eglise, qui dit ainsi, *Te stante Virebo*. De Nancy pour aller droit à Paris, on passe par Toul.

TOVL.

C'est une Ville Episcopale sous la Domination du Roy de France, depuis que Henry II. s'en saisit en l'an 1552. avec Mets & Verdun, par la sage conduite du Conneſtable de Montmorency, qui conduiſoit l'Armée & s'en rendit maiſtre. L'Egliſe eſt fort belle, en laquelle on voit le Tombeau de S. Bernard. D'icy on paſſe par Bar-le-Duc, Capitale du Duché de Bar, ou Barrois, où il ſe travaille de tres-belles Gardes d'épées.

CHALONS.

C'eſt une Ville de Champagne, aſſiſe ſur la Riviere de Marne; auſſi dit-on ordinairement Chalons ſur Marne, pour la diſtinguer de Chalons ſur Saone, en Bourgogne. Son Eveſque porte le titre de Comte & de Pair de France. La Ville eſt fort grande, ornée de pluſieurs belles Tours élevées en pyramides. Le trafic des Bleds, des Toiles & des Draps la rend fort accommodée; mais ce qui la rend plus conſiderable, eſt la défaite d'Attila Roy des Huns dans ſes Plaines, par Ætius, Lieutenant dans les Gaules pour les Romains, ſecondé des armes de Meroüée, troiſiéme Roy des François, lequel ayant fixé ſa demeure à Paris, & donné le nom de France aux Gaules, pouſſa ſes Conqueſtes bien avant ſur la Riviere de Loire, & laiſſa ſon Nom glorieux à la premiere Race des Roys de France, que l'on appelle Meroüingiens. De Chalons on se laisse aller au coulant de la Marne, on passe à Espernay, où se voit le magnifique Tombeau du Mareschal Strozzi, que M. de Voiture trouva si beau, que peu s'en fallut qu'il ne s'y fit ensevelir tout vif, ainsi qu'il le rapporte luy-mesme dans une de ses Lettres; On passe par le Duché de Chasteauthierry.

MEAVX.

Meaux n'est considerable que par son assiette, & par le titre d'Evesché & de Capitale de la Brie, petite Province de France, dépendante de la Champagne; mais à deux lieuës d'icy on y voit la Maison Royale de Monceaux, que la Reyne Catherine de Medicis, & le Roy Henry IV. ont embelly de Jardins, de Parcs, & de Viviers qui la rendent tres-agreable, & digne de la curiosité des Etrangers, qui peuvent d'icy aller commodément coucher à Paris.

Autre Route de Nancy à Paris.

LEs plus Curieux n'aiment pas toûjours de suivre le droit chemin, souvent ils aiment mieux dépenser davantage & voir aussi davantage de Pays. Ceux qui sont dans ce sentiment vont sur la Moselle, de Nancy à Pont-à-Mousson.

PONT-A-MOVSSON.

L'assiette de cette Ville qui tire son nom du Pont sur lequel on y passe la Moselle, & d'une Montagne voisine, appellée Mousson, est fort agreable, la Moselle la divise en deux parties qui se joignent par le Pont. Son Université la rend fort celebre & digne de la curiosité de Messieurs les Etrangers qui peuvent suivre le coulant de la Moselle, pour se rendre à Mets.

METS.

Gregoire de Tours appelle cette Ville, *Vrbs Metensis & Civitas Mediomatricum*, pource qu'elle est scituée entre trois Villes considerables, Toul, Verdun & Treves: Elle est Capitale du Pays Messin, & autrefois elle estoit Metropolitaine du Royaume d'Austrasie, qui comprenoit toute la Lorraine, & dont Thierry Fils naturel de Clovis I. fut premier Roy, lors que la France fut divisée en Thetrarchies: En suite elle devint Ville Capitale, & Henry II. comme nous avons déja dit, l'enleva à Charles-Quint, qui trouva icy les bornes de ses Victoires & de ses Conquestes; car il fut obligé de lever le Siege de devant la Ville. Dans l'Eglise Cathedrale de Saint Estienne, qui est fort magnifique, on y voit un Benestier fait de Porphyre de couleur rouge, long de plus de dix pieds. La Citadelle est composée de quatre Bastions, & defenduë par de bons fossez, où l'on fait entrer la Moselle en levant une Ecluse. Il y a un Parlement qui fait le dixiéme de France, auquel ressortissent le Pays Messin & toute la Lorraine. De Mets on peut aller à Verdun, Ville Episcopale, belle, riche, & la deuxiéme du Pays Messin, pour se laisser porter sur la Meuse, à Stenay, Mouzon & Malines, toutes Villes bien fortifiées.

SEDAN.

C'est une des meilleures Places de l'Europe, que la Nature & l'Art ont rendu tres-forte & tres-considerable. Le Chasteau est d'une assiette fort avantageuse, & les Fossez sont taillez dans le Rocher. Il y a une Academie qui estoit entretenuë par feu Monsieur le Duc de Boüillon, auparavant que la Ville fut entre les mains du Roy. On peut voir en passant Charles-Ville, bastie par le feu Duc de Mantouë & de Nevers, & passer par Rethel, Capitale du Duché de Rhetelois, qui appartient au mesme Duc.

RHEIMS.

C'est aujourd'huy la Ville Capitale de la Champagne, & l'une des plus anciennes de la Gaule Belgique, que Cesar appelle dans ses Commentaires, *Burocortorum Rhemonem*. L'Eglise Cathedrale s'appelle N. Dame, dont le Portail passe pour un miracle du monde ; aussi dit-on communément, Portail de Rheims. Clovis I. y fut baptisé par S. Remy, & les Roys de France ont accoustumé d'y estre sacrez de cette Huile Celeste apportée miraculeusement du Ciel par un Ange en forme de Colombe, tenant en son bec une Ampoule pleine de cette sacrée liqueur, qu'elle offrit à S. Remy, laquelle est soigneusement gardée dans l'Eglise Abbatiale de S. Remy : On la montre facilement aux Etrangers, lesquels par mesme moyen peuvent voir les douze Pairs de France, gravez sur le marbre, revestus de leurs habits de Ceremonie, à l'entour d'un petit Coffre, & les Tombeaux de quelques Princes & Seigneurs.

L'Archevesque de Rheims qui a le privilege de sacrer les Roys de France, joüit du titre de premier Duc & Pair Ecclesiastique. Charles de Lorraine, Cardinal & l'un de ses Archevesques, y a fondé une Université avec plusieurs beaux Privileges, confirmez par le Pape Paul III. sous le bon plaisir du Roy Henry II. Il s'est tenu plusieurs Conciles à Rheims, dont le dernier fut sous Eugene III. où il presida, contre l'Heresie de Gilbert Porretan Evesque de Poitiers, auquel S. Bernard assista.

C'est une Ville dont les Bastimens sont fort magnifiques, & qui est embellie de plusieurs belles Tours. Tout contre la Ville on voit un lieu qui conserve encore aujourd'huy le nom de Fort de Cesar, qui est une marque illustre de son antiquité. Comme nous n'avons pas le dessein de luy disputer, gagnons Pays, & laissant plusieurs petites Villes & Bourgs que l'on trouve en chemin, rendons nous à Meaux, pour nous aller reposer à Paris.

Route de Brisac & de Basle à Paris.

LEs Etrangers qui poussent leur chemin jusques à Brisac ou à Basle, pour aller à Paris, peuvent en passant voir la Forteresse de Montbeliard, & se mettre une bonne partie du chemin sur les eaux du Doux pour se laisser porter à Besançon.

BESANÇON.

C'est une Ville Imperiale qui est honorée du Titre d'Archevesché, assise sur le Doux, dans le Comté de Bourgogne, que l'on appelle vulgairement la Franche-Comté, à cause de ses privileges & immunitez. On appelloit anciennement cette Ville *Chrysopolis*; & Cesar nomme en ses Commentaires les peuples de ce Païs, *sequani*. Elle est assez agreable, & les Etrangers y font souvent leur sejour, pour donner commencement à leurs Exercices. Il y a un fort bon Ecuyer; & les Professeurs des Langues, les Maistres d'Armes & à Dancer, n'y manquent pas. S. Estienne est l'Eglise principale, où l'on voit le Saint Suaire de Nostre Seigneur, que l'on porte avec grande ceremonie à la Procession de la Feste-Dieu. L'Hostel de Ville y est à remarquer, par sa magnificence & par sa grande étenduë, car il contient en son enclos l'Arsenal, le Lieu où on rend la Justice, avec toutes ses dépendances, & les Halles, avec de tres-beaux Greniers où on met le Blé. Les six Fontaines qui distribuënt leurs eaux à toute la Ville, & qui luy servent d'un tres-bel ornement, meritent la curiosité des Etrangers, dont la veuë peut estre recreée par la diversité des Figures & des Statuës de bronze qui y sont élevées. L'Hostel du Comte de Carte-Croix, accompagné d'un magnifique Jardin, ne doit pas estre negligé; & moins encore celuy de Granvelle, dont il y a eü un Cardinal de ce nom, sous Philippe II. Roy d'Espagne. On y remarque quantité de Statuës fort rares, en marbre & en bronze, soit des Dieux de la Gentilité, soit des Déesses & des Nymphes, soit de plusieurs Empereurs. Il y a encore quantité de Peintures faites les unes de Michel-Ange, & les autres de Raphael d'Urbin. La Bibliotheque est remplie de Livres fort exquis, & principalement de manuscrits, dont il y a grande quantité.

Les dehors de la Ville sont fort agreables, remplis de fort beaux Jardins, & de quantité de Vignes, dont le suc est des plus délicieux. Dans le sejour que j'y fis, je m'y divertis aussi bien qu'en lieu de France. Ceux qui aiment la compagnie, s'y peuvent satisfaire à merveilles, car le monde y est fort sociable, & ne tient rien de l'austerité Espagnole. On y vit à la Françoise, & les Etrangers n'y sont pas haïs des Dames, que j'eus peine de quitter, pour monter sur un Vaisseau, & me laisser conduire sur le Doux.

DOLE.

DOLE.

C'est la Ville Capitale de la Province, qui entra dans la Maison de Bourgogne, par le mariage de Marguerite, Fille unique de Louis Comte de Flandres & de Bourgogne, avec Philippes le Hardy Duc de Bourgogne: De mesme que les dix-sept Provinces ont esté unies à celle d'Austriche, par le mariage de Marie Fille unique de Charles Duc de Bourgogne, qui fut tué au Siege de Nancy, avec l'Empereur Maximilien.

L'Eglise de N. Dame, & le College de S. Hierosme, avec les autres Ecoles publiques, qui ont toutes leurs Bibliotheques, meritent la visite des Etrangers. C'est une Université, & le Parlement y tient ses Seances pour la distribution de la Justice. Avant les dernieres guerres, la Ville estoit revestuë de sept grands Bastions de pierre. Je ne sçay comme elle est presentement. Charles-quint en avoit fait une Place de guerre si bien fortifiée, que les François ne l'ont jamais pû conquerir, jusques au regne de Louis XIV. à qui il n'est rien impossible: Mais ce pieux Monarque l'a remise par le dernier Traitté, entre les mains des Espagnols. La Place d'Armes qui sert de Marché, est quarrée & fort grande. Il y a de plus cinq Hospitaux fort beaux, d'où nous sortirons pour aller voir les dehors de la Ville.

On voit proche Dole l'Arc triomphal de l'Empereur Tybere, & un Rocher percé par Jules Cesar, lors qu'il faisoit la guerre aux Suisses. Je conseillerois volontiers les Etrangers d'aller de Dole jusques à Salins, pour y voir la fabrique du Sel qui se fait dans la grande Saulnerie, qui est un magnifique Bastiment qui sert à mettre les eaux salées, & à tirer, façonner, & conserver le Sel; de mesme qu'à loger les Officiers qui sont commis à cet employ. D'icy on peut passer dans le Duché de Bourgogne, & aller à

CHALONS SUR SAONE.

Cesar en ses Commentaires, appelle cette Ville *Cabilonum*, dont il se servit de Magasin pour son Armée. Attila Roy des Huns la ruina; mais Gontran Roy d'Orleans la releva, & en fit son Siege Royal. Louis le Debonnaire l'érigea en Comté, que Hugues IV. Duc de Bourgogne aequit sur les Evesques. On a tenu à Châlons deux ou trois Conciles, dont le premier assemblé sous Eugene I. abolit l'usage des Esclaves en France. La Citadelle fortifiée de quatre

Baſtions Royaux, merite d'eſtre conſiderée des Etrangers.

Hors la Ville on voit l'Abbaye de Saint Marcel, qui dépend de Cluny, dont les Clochers ſont baſtis à la Gothique. Apres en avoir conſideré la ſtructure, on ſe peut diſpoſer de partir pour aller voir

AVTVN.

L'ancienneté de cette Ville, dont Ceſar appelle les Peuples Heduens, & en parle comme des plus vaillans & des plus puiſſans des Gaules, qui donnerent beaucoup d'affaires aux Romains, merite d'eſtre veuë des Etrangers. Elle fut honorée toute la premiere du droict de Bourgeoiſie par les Romains. Auguſte la rétablit, ayant eſté ruinée par les guerres de ſon Oncle dans les Gaules : c'eſt pourquoy elle fut appellée *Auguſtodinum*. C'eſt un Eveſché : Mais ce qui la rend plus conſiderable, ſont les antiquitez qui s'y trouvent encore tous les jours. Il n'eſt point de Ville en France où il y en ait en ſi grande quantité. Apres les avoir conſiderées en pluſieurs endroits, on peut prendre le chemin de

BEAVNE.

Les reſtes de quelques vieux Baſtimens

D ij

que l'on voit en cette Ville, sont les marques irréprochables de son ancienneté. L'Empereur Aurelian l'augmenta beaucoup ; mais Rolin Chancelier de Philippes le Bon, Duc de Bourgogne, y fit bastir un Hospital, dont la magnificence luy sert d'un grand ornement. Il semble que ce soit plutost une Maison Royale, que non pas un Lieu destiné à recevoir les Pauvres : aussi de tout temps, le Roy & le Duc de Bourgogne y ont leurs apartemens, qui sont meublez de toutes les choses necessaires. Toutes les commoditez que l'on sçauroit desirer pour un tel Lieu, s'y rencontrent fort avantageusement. Le Chasteau basty par Louis XII. est une piece assez recommandable. Ceux qui aiment le bon Vin, en trouvent icy des plus délicats.

On peut encore voir dans le Territoire de Beaune, la sainte Solitude de Cisteaux, dont S. Bernard estoit Abbé. C'est la source d'une infinité de Monasteres qui sont établis presque dans toute l'Europe. Il n'y a que sept lieuës d'icy à

DIJON.

C'est la Ville Capitale de la Duché de Bourgogne, que Louis XI. reünit à la Couronne de France. On tient que l'Empereur

DE FRANCE.

Aurelian en a esté le Fondateur, ou plutost son Restaurateur. Sa situation est belle & agreable, dans une belle Campagne, arrosée de deux Rivieres, Suson & l'Ouche. Il y a un Parlement qui distribuë la Justice à toute la Province. Les Peuples de cette Ville sont extrémement jaloux de leurs privileges ; & on m'a dit que quand le Roy y fait son Entrée, il jure sur les Saints Evangiles de les garder & conserver, dans l'Eglise de S. Benigne, qu'on tient avoir esté son premier Apostre. Le Maire de la Ville, lors qu'il est élu, fait le mesme. Il y a une bonne Citadelle, & les Estats de la Province s'y tiennent tous les trois ans. Outre l'Eglise de S. Benigne, il y en a plusieurs autres, avec cinq Hospitaux, & une Sainte Chapelle fondée par Philippes le Bon, Duc de Bourgogne.

Hors la Ville on voit les Tombeaux des Ducs, dans la Chartreuse, qui est tres-magnifique. Il y a encore le Fort de Talaut, avec le Chasteau & Village de Fontaines, honoré par la naissance de S. Bernard. Ceux qui ne veulent pas faire un si grand tour, peuvent se passer de voir Châlons, Autun, & Beaune. De Dole ils peuvent aller à Auxone, & puis à Dijon, & en suite entrer dans la Champagne, & se mettre sur la Seine à Chastillon, pour aller à

TROYES.

C'estoit l'ancienne demeure des Comtes, & la Capitale de Champagne, qui fut reünie à la Couronne de France, par le mariage de Jeanne, Fille unique de Henry dernier Comte, avec le Roy Philippes le Bel. Attila Roy des Huns, y mit le siege, mais il fut détourné de son entreprise par S. Loup son Evesque. Cette Ville est considerable par cinq ou six Conciles qui s'y sont tenus. C'est un Evesché dont l'Eglise Cathedrale est dediée à S. Pierre. Le trafic des Toilles qui s'y fait, la rend fort riche & opulente.

Icy on se met sur la Seine, & passant par Montereau-faut-Yone, celebre par la mort de Jean Duc de Bourgogne, Fils de Philippes le Hardy, que Charles Dauphin, Fils de Charles VI. fit assassiner sur le Pont par un nommé Tanneguy du Chastel, pour se vanger du meurtre commis en la personne de Louis Duc d'Orleans, Frere de Charles VI. par les ordres du Duc Iean de Bourgogne, Oncle dudit Roy Charles VI.

De Montereau on passe par Melun & Corbeil, & enfin on se rend à Paris.

Autre Route de Dijon.

ON peut prendre encore une autre Route de Dijon à Paris; car au lieu d'aller à Troyes on peut se rendre par la Riviere d'Yone à

AVXERRE.

C'est une ancienne Ville dans le Territoire de Sens. Elle joüit du titre d'Evesché; & quelques uns disent que Charlemagne l'érigea en Comté: d'autres disent que ce fut Philipes Auguste. Antonin l'appelle *Antiſsiodorum*. Elle est située en un terroir extrémement fertile en Blez & en Vins, dont la délicatesse les rend celebres dans toute la France. Si on ne veut pas prendre la commodité de la Riviere d'Yone, on peut prendre la poste aux Asnes pour se rendre à

SENS.

C'est l'une des plus anciennes Villes des Gaules, assise sur la Riviere d'Yone, entre les Provinces de Brie, de Champagne, de Bourgogne, & le Gastinois. Ses Habitans furent des plus redoutables aux Romains;

car ayant passé les Alpes, & estans entrez en Italie, ils prirent Rome, & assiegerent le Capitole. Brennus leur Chef, fit mesme bastir une Ville dans le Duché de Spolete, qu'il nomma *senogalle*. Cesar en ses Commentaires, témoigne que ce furent eux qui s'opposerent le plus fortement à ses conquestes. La Ville est belle & grande, qui jouït du titre d'Archevesché, & qui conteste à Lyon la Primatie des Gaules. Cependant que l'on vuidera ce different, on se peut mettre sur la Riuiere pour aller à Montereau, & ensuite se reposer à Paris.

Route de Geneve à Paris.

LEs Allemans qui vont à Geneve pour se rendre à Paris, traversent une bonne partie de la Suisse, avant que d'y arriver. Il y en a beaucoup qui s'y arrestent pour y commencer leurs Exercices, principalement ceux de la Religion, qui se trouvent là dans son Fort. On va donc de Basle à Soleure, un des Cantons des Suisses, & qui est sur la Riviere d'Ar. C'est une Ville fort ancienne, où l'Ambassadeur de France fait ordinairement sa residence dans un magnifique Palais qui s'y voit. D'icy on va à Berne, assise aussi sur l'Ar. On y peut voir son Temple,
fort

fort celebre, par la quantité de Drapeaux qui y sont pendus, & que les Suisses ont gagné en diverses Batailles, & par la representation du dernier Jugement qui est gravé sur son Frontispice. L'Hostel de Ville, la Chancelerie, & la Tour, sur laquelle on voit une inscription qui instruit du sujet du bastiment de Berne, ne sont pas à mépriser. En suite on passe à Morat Ville assise sur le Lac du mesme nom, qui est considerable par la défaite de Charles dernier Duc de Bourgogne, que les Suisses battirent l'an 1476. dont on voit une inscription qui en fait foy. De Berne on va à Fribourg, un des Cantons Catholiques, qui est une fort belle Ville, d'où ceux de Berne ont chassé l'Evesque de Lausane qui y faisoit sa residence. Apres on passe à Lausane, ou Losane, assise sur le Lac du mesme nom, & enfin à

GENEVE.

C'est une Ville de Savoye, assise sur le Lac du mesme nom, dit autrement Leman, ou de Losane. Elle est fort ancienne, & Iules Cesar s'en servit de passage pour aller contre les Suisses. Du temps de l'Empereur Heliogabale, elle fut presque toute reduite en cendres ; & l'Empereur Aurelian l'ayant fait rebastir, elle a porté en suite le nom

E

d'Aurelie. Elle a eu ses Comtes & ses Evesques, dont la mauvaise intelligence fit que les Genevois appellerent le Comte de Savoye à leur secours, auquel l'Evesque accorda les mesmes droicts que le Comte legitime y avoit. Mais en suite ceux de Geneve se voyant mal-traittez dudit Comte de Savoye, rappellerent l'ancien, que les Savoyars chasserent peu de temps apres, & s'approprierent toute l'autorité & toute la jurisdiction des Comtes de Geneve. Enfin Amé Prince de Geneve, souffrant avec impatience de se voir inferieur à l'Evesque, obtint de l'Empereur Charles IV. le titre de Vicaire de l'Empire, pour en avoir le dessus. Et Amé VIII. Neveu du premier, obtint du Pape Martin la jurisdiction temporelle, dont toutefois il n'a jamais esté en possession, non plus que les Evesques, qui en furent chassez sous le regne de François I. Les Calvinistes possedent aujourd'huy toute l'autorité temporelle & spirituelle.

La Republique, qui est sous la protection de la France, tient quelque chose de l'Estat Aristocratique & Democratique tout ensemble, en ce que l'autorité supréme est dévoluë à quatre Syndics, dont la Charge ne dure qu'un an. Ceux-cy sont pris du nombre de vingt-cinq Senateurs qui composent le Conseil d'Estat, & qui exercent cette dignité leur vie durant. Outre ces deux Colleges, il y en a encore deux autres, dont le premier est de soixante Hommes, & le dernier de deux cens. Ces trois derniers sont reglez de telle maniere, que si quelqu'un des vingt-cinq meurt, le plus ancien des soixante est mis en sa place, & de mesme le plus ancien des deux cens en la place de celuy-cy, qui a succedé à celle d'un des vingt-cinq; Et enfin on élit à la place de ce dernier, celuy du Peuple qui a le plus de suffrages. Le Peuple a droit de faire des Loix, de créer les quatre Syndics, de declarer la guerre, & de faire la paix, en quoy il paroist que l'Estat est Democratique.

La Ville est fort bien fortifiée, & s'est souvent defendue des incursions des Savoyars. La principale piece est celle que l'on appelle le Boulevard de l'Oye. Elle est divisée en deux parties, par une petite Isle que le Rosne y forme, laquelle communique aux deux Villes par deux Ponts qui les joignent à ladite Isle. On voit dans cette Isle une Tour fort ancienne, que l'on tient avoir esté bastie par Iules Cesar, & dont on se sert pour les munitions de guerre.

Outre ces deux Ponts, il y en a un troisiéme, qui communique de l'une à l'autre Ville. On trouve sur ces Ponts plusieurs Moulins, & beaucoup de Boutiques de toutes

E ij

sortes d'Artisans, & on fait sur le troisiéme la Poudre à Canon.

Cette Isle est embellie de plusieurs belles Maisons, parmy lesquelles on peut remarquer celle que l'on appelle le poids du Bled & la Monnoye, avec son Horloge.

Dans le Quartier bas de la plus grande Ville, on voit deux belles Ruës couvertes, où sont les Orphevres, les Drapiers, & autres Marchands. Les Maisons en general y sont fort élevées, & basties pour la plufpart de pierre de taille.

Il y a trois beaux Temples, où les Calvinistes font l'Exercice de leur Religion. Le principal est celuy de S. Pierre, où il y a à remarquer quantité de belles inscriptions, dont quelques-unes font voir que c'estoit autrefois un Temple d'Apollon; & l'Aigle éployé ou à deux testes, qui se voit au dehors, est une marque que c'estoit une Ville libre & Imperiale. Cette Eglise est ornée de quatre Tours ou Clochers fort exhaussez, dont l'une sert d'Horloge, & l'autre à placer les Sentinelles pour le Guet de la nuit. Les deux autres sont ceux de S. Germain & de S. Gervais en la plus petite Ville, que l'on nomme communément le Fauxbourg S. Gervais.

L'Hostel de Ville est magnifiquement basty, & on y voit plusieurs curiositez qui meritent d'eſtre conſiderées. Les Inſcriptions qui s'y remarquent, avertiſſent de pluſieurs choſes arrivées à la Ville, & donnent de belles lumieres de ce qui s'y eſt paſſé de plus conſiderable.

L'Arſenal eſt joignant l'Hoſtel de Ville, qui eſt garny de toutes ſortes de munitions de guerre: On y voit les Drapeaux & les Trophées que les Genevois ont remporté en diverſes rencontres ſur les Savoyards.

La Bibliotheque eſt un des plus beaux ornemens du College : Outre les Livres rares qui s'y trouvent en quantité, il y a une Bible traduite en François depuis plus de quatre cens ans. Les Profeſſeurs en Hebreu & en Grec, & és autres Sciences, y ont leur logement, de meſme que les Regens qui enſeignent les Humanitez.

L'Hoſpital eſt ſur le bord du Rhoſne hors de la Ville. Le Baſtiment eſt un des plus magnifiques qui ſe voyent, & qui a eſté élevé avec des dépenſes immenſes.

Il y a encore à voir hors de la Ville les Moulins qui ſont ſur le Rhoſne, avec une Plate-forme ſur une coline fort agreable, de laquelle on void la Campagne, le Vignoble & les Jardins qui ſont aux environs de la Ville.

Voila à peu pres ce qu'il y a à conſiderer de plus remarquable dans Geneve, où plusieurs Etrangers arrestent quelque temps pour y faire leurs Exercices, qui sont assez en vogue dans cette Ville : J'en ay veu plusieurs qui s'en loüent beaucoup, & qui m'ont témoigné d'y avoir receu toute la satisfaction possible, soit pour les pensions, soit pour l'instruction, soit pour le divertissement ; mais comme les Etrangers n'ont point de domicile fixe, apres y avoir demeuré quelque temps, ils passent ordinairement sur le Rhosne, de Geneve à

LYON

Estoit autrefois une Ville unie à l'ancien Royaume de Bourgogne. Auparavant la Gaule Celtique estant écheuë à Antoine qui se ligua avec Auguste & Lepidus contre la liberté publique & y entra en triomphe avec un Chariot attelé de Lyons ; il en fit sa demeure principale, & y fit battre Monnoye, laquelle avoit d'un costé l'Effigie d'Antoine, & de l'autre un Lyon, avec ce mot, *Lugduni*.

La situation de la Ville est fort avantageuse, sur la rencontre du Rhosne & de la Saone. L'Empereur Probus permit à ceux de Lyon de planter des Vignes, environ l'an 280. ce qui fit que les Soldats trouvans ce terroir propre pour le Vin, y planterent ce bois tortu qui produit une liqueur si délicieuse & si agreable à la plufpart des Etrangers.

C'eft une Ville fort ancienne; & Tite-Live parlant de la deuxiéme Guerre des Romains contre les Carthaginois, environ l'an 200. dit qu'Annibal arriva dans l'Ifle où la Saone & le Rhofne fe joignent. Cette Ifle a efté depuis appellée Lyon. Polybe & Plutarque parlant de cette Ville, l'appellent auffi l'Ifle, à l'imitation de Tite-Live. Cefar la nomme *Civitas Sequanorum*, parce qu'elle eftoit la plus floriffante des Bourguignons, que le mefme Cefar appelle *sequani*, ce qui fe peut remarquer d'une ancienne Infcription gravée fur l'une des murailles de l'Eglife de S. Pierre les Nonains.

Il y a une Infcription à Caiete, dans le Royaume de Naples, qui marque que Lucius Munacius Plancus, qui floriffoit à Rome par fon Eloquence, & qui fut Difciple de Ciceron, fut envoyé par le Senat en France, pour y rebaftir cette Ville où il amena une Colonie, environ l'an apres la Fondation de Rome 711. & de l'Empire d'Augufte 2. & auparavant la Naiffance de Jefus-Chrift 41. Plutarque croit que c'eft de ce Lucius qu'elle a efté appellée *Lugdunum*.

Cette Ville a fouffert plufieurs calamitez

en divers temps. L'an 11. de l'Empire de Neron, elle fut toute reduite en cendres en une nuit, & Tacite remarque que cet Empereur donna un million d'or pour la rebaſtir. Aurelius Verus y fit mourir quantité de Chreſtiens ſous ſon Empire; & Septimus Severus fit paſſer au fil de l'épée, Hommes, Femmes, & petits Enfans; ſi bien que les Ruës & les Rivieres en furent toutes teintes de ſang. L'an 350. les Allemans s'en emparerent & la mirent au pillage. En 435. ſous l'Empire de Theodoſe, Attila Roy des Huns la ravagea, & en 725. ſous Charles Martel les Goths & Sarraſins en firent de meſme.

Il y a pluſieurs Autheurs qui aſſurent que cette Ville a eu ſes Comtes particuliers, & qu'en ſuite le Comté fut transferé à l'Egliſe juſques à ce que Philippes le Bel l'euſt priſe en ſa ſauvegarde dans les differens qu'il y avoit entr'elle & l'Egliſe; mais enfin Louis Hutin ſon Fils l'annexa à la Couronne de France.

Entrons-y dedans, & conſiderons ſa principale Egliſe conſacrée à S. Jean, dont les Chanoines portent tous le titre de Comtes. Elle eſt enrichie des colomnes & des dépoüilles de l'ancien Temple d'Auguſte, dont nous parlerons enſuite. Sur ſon ancienne Porte on voit quatre Lievres en relief, qui ont chacun deux oreilles, & si on n'y en sçauroit trouver que quatre. A costé du Chœur il y a une Horloge qui marque les heures, les jours, les mois, & les signes de l'année, avec le cours du Soleil & de la Lune. On y trouve plusieurs belles Inscriptions qui marquent son ancienneté, avec quantité de Drapeaux que le Connestable de Lesdiguieres remporta sous le Regne de Louis XIII. sur le Duc de Savoye. Le Roy de France porte le Titre de premier Chanoine de S. Jean, qui n'est pas un petit honneur pour cette Eglise. Il y en a encore plusieurs autres, tant Collegiales que Paroissiales; On voit dans celle de S. Just un des Enfans que le Roy Herode fit tuer dans la Judée. Le Prieuré de S. Irenée est fort ancien & magnifique, où on peut remarquer plusieurs belles Inscriptions qui font foy de son ancienneté. Vis-à-vis la Porte de l'Eglise il y a un Autel sur lequel on voit une pierre que l'on dit estre une partie de la Colomne à laquelle Nostre-Seigneur fut attaché. Nostre-Dame de Forviere estoit autrefois un Temple fort magnifique, dedié à Vénus, aussi l'appelle-t'on *Forum Veneris*. Tout auprès de la colline sur laquelle cette Eglise est bastie, il y a une grande Vigne où l'on voit les vieilles masures d'un Amphitheatre qui estoit proche la Maison du Gouverneur & le Palais d'Auguste. Pres de cette Vigne il y a un vieux mur fort épais, où l'on tient communément que le Veau d'or qu'Auguste adoroit a esté enseveli. L'Eglise de S. Cosme, celle que Jean Duc de Bourgogne y fit bastir, celles de S. Paul, de S. Nisier, de Grezoy, de Sainte Eulalie, de Sainte Croix & autres, meritent d'estre considerées à cause de leurs Inscriptions anciennes que l'on y peut remarquer.

Il y a de plus quantité de Maisons Religieuses où on trouve de fort belles Antiquitez, principalement en celles des Minimes, des Carmelites, des Dames de Saint Pierre, qui est l'une des plus anciennes, où l'on voit des Inscriptions qui meritent la peine d'estre regardées ; des Jacobins, appellée Nostre-Dame de Confort, où est l'ancienne Sepulture des Allemans. L'Abbaye d'Aisnay, fondée par la Reyne Brunehaut, est le plus ancien Bastiment de Lyon, où le magnifique Temple dedié à Auguste estoit basty, comme témoigne Strabon au Liv. 4. & on y voit de fort belles antiquitez. Voyez Suetone, dans la Vie de Claudius.

Tout auprés de ce Temple il y avoit une Academie bastie par les Romains, consacrée à Minerve, où les belles Lettres & l'Eloquence florissoient : Elle s'appelloit *Athaneum*, & l'Abbaye bastie sur les ruines de ce magnifique Temple, s'appelle encore aujourd'huy en Latin, *Monasterium Atheniense*. Voyez Suetone dans la Vie de Caligula.

Il ne faut pas oublier de remarquer cette belle antiquité, vulgairement appellée le Tombeau des deux Amans, ny l'Arc de Triomphe sur lequel sont les Armes de France.

Il y a dans Lyon trois Forteresses considerables; la premiere est celle de Pierre-Ancise, située sur la croupe d'une haute Montagne & fortifiée de fort bons remparts qui defendent l'entrée de la Ville, Louis Duc de Milan y fut détenu prisonnier par Louis XII. Roy de France; la seconde est celle de S. Sebastien, bastie aussi sur une Montagne, & composée de trois Boulevarts des plus considerables de l'Europe; la troisiéme est celle de S. Clair, située sur le Rhosne.

Les deux Ponts & le Quay de Lyon meritent que l'on les considere avec attention pour leur magnifique structure & pour les Inscriptions que l'on y remarque: Pour les Ruës elles sont fort étroites & fort sales.

On compte dans Lyon jusques à douze Places publiques, dont les plus considerables sont celle de Belle-Cour, proche le Pont du Rhosne, où sont le Mail, l'Escurie du Gouverneur, & les Jeux de Paulme jusqu'au nombre de ving-cinq : Celle de Confort, où on voit une Pyramide élevée à l'honneur de Henry IV. Celle du Change, que l'on appelle vulgairement la Bourse, où les Marchands s'assemblent pour traiter de leurs affaires : Celle de la Croix Décolée, ainsi appellée à cause d'une grande quantité de Martirs qui y ont esté supliciez.

La Maison du Roy merite que l'on y entre, pour y considerer deux Tables d'airain, gravées en Caracteres Romains, sur lesquelles on dit que l'Edit de l'Empereur Claudius, donné en faveur des Bourgeois de Lyon, est décrit.

Il y a encore un endroit considerable à Lyon, que l'on appelle l'Azyle de Lyon, qui est un lieu de refuge pour les Criminels. Au milieu de la Court on y voit une Pyramide & une Fontaine enfermée de grilles de fer. On voit plusieurs Inscriptions sur les Portes de cet Edifice, que l'on peut remarquer.

D'icy vous pouvez passer au Jardin du Gouverneur, l'un des plus agreables & des plus delicieux. Il y a plusieurs belles curiositez à considerer, & qui augmentent le divertissement de la promenade.

L'Arcenal, que l'on appelle vulgairement la Rigaudiere, n'est pas desagreable à considerer, bien qu'il n'y ait bas du Canon en quantité.

Au Carrefour de Fourbiere on trouve la Maison dite l'Antiquaille, où l'on voit une Inscription fort ancienne; & proche de là est la Grote-Barluc, qui est un Bastiment des Romains sous terre, que l'on croit avoir esté leurs Bains.

Proche la Porte de Trions l'on voit des Aqueducs, Ouvrage des Romains, divisez en trois canaux, pour porter les eaux en divers endroits de la Ville.

L'Hospital est un des plus beaux ornemens de Lyon, qui peut disputer de la magnificence avec les plus celebres de toute la France: La disposition des Appartemens y est admirable pour toute sorte de Malades; mais quittons ce séjour affligeant, pour aller prendre l'air hors la Ville.

Le premier endroit que l'on y rencontre, est l'Isle-Barbe, dans laquelle on trouve en l'Eglise Nostre-Dame, l'Epitaphe de Longin, qui marque qu'il y est ensevely.

A cent pas de la Ville, ou environ, on trouve une Maison, appellée la Duchere, située sur une agreable coline, au pied de laquelle la Saone passe: On voit icy une si grande quantité de belles choses, de Peintures, d'Emblêmes, d'Inscriptions, de Statuës, de Devises & de Iardins, qu'il est plus facile de les considerer que non pas de les décrire; un jour entier ne suffit pas pour les bien remarquer.

Il y a un troisiéme lieu appellé la Claire, où l'on peut s'aller promener, pour y considerer une des plus belles Fontaines qui soient en Europe: Tout y est disposé avec tant d'artifice, que les yeux de ceux qui regardent tant de beautez à la fois sont charmez.

D'icy il n'y a pas loin à aller pour en trouver un quatriéme, que l'on appelle la Gorge du Loup, où il se voit encore une fort belle Fontaine, pratiquée avec un artifice merveilleux.

Plusieurs Etrangers charmez de tant de belles choses que l'on peut remarquer à Lyon, y font un assez long séjour; outre que c'est la Ville de France, où l'on trouve plus d'antiquitez, comme de Medailles, d'Inscriptions, de Sepulchres, de Theatres, de Bains, d'Etuves, d'Aqueducs, de Temples, de Statues, de Colomnes, d'Obelisques, de Pyramides, de Tables, d'Urnes, de Lampes, de Marqueteries, & d'autres vestiges de la venerable antiquité. Les Pensions y sont commodes, & les Exercices y sont avantageux pour tous les Etrangers, lesquels quittans Lyon, vont s'embarquer à Roüane sur la Loire, pour se laisser porter à Bourbon-Lancy, & ensuite à

MOULINS.

C'est une ancienne Ville, assise sur la Riviere d'Allier: Elle a toûjours esté le berceau & les delices des anciens Princes de Bourbon, qui y ont fait bastir un superbe Palais, assorty d'un Parc & de Jardins, où il y a de fort belles Fontaines, des Parterres & des Orangers: On voit dans la Galerie tous les Portraits des Ducs de Bourbon, avec leur Genealogie.

Les Eaux de Bourbon sont assez connuës par tout, sans qu'il soit necessaire d'en faire une description particuliere: Je diray seulement que proche le Fauxbourg de Bourgogne, il y a quantité de Sources Medecinales & Minerales qui sentent le soulfre & le vitriol: Il y a encore un Puits à fleur de terre de pierre de taille, de figure ronde de six à sept pieds de diametre, dans lequel la principale source est ramassée, dont les eaux sont propres à guerir les coliques, les paralisies, la retention d'urine, les inflammations & douleurs d'estomach, les ppetits despravez, les opilations, la jaunisse, & autres maladies.

La Coustellerie de Moulins est fort estimée dans toute la France, & on recherche les Couteaux & les Ciseaux qui y sont fabriquez avec grand empressement, à cause de leur trempe. D'icy on se laisse porter sur les eaux de l'Allier qui se mesle avec la Loire à

NEVERS.

Cesar au Livre 7. de ses Commentaires, dit que Nevers estoit une des appartenances d'Authun, & cet Empereur s'en servoit de Magasin. Cette Ville fut érigée en Comté sous les Roys de la premiere Race. Charles VII. l'érigea en Pairie, ce que Louis XI. confirma en faveur de Jean de Bourgogne, Comte de Nevers. Enfin François I. l'érigea en Duché, en faveur de François de Cleves, Fils de Charles de Cleves & de Marie d'Albret, en consideration des services que Iean de Bourgogne, Duc de Brabant & Comte de Nemours, ayeul de Marie & Iean d'Albret Comte de Dreux & de Rethel, son Pere, rendirent à la France contre les Bourguignons, & de ceux que le mesme François rendit à la conqueste du Piedmont.

Elle est située sur la Riviere de Loire, à l'embouchure de l'Allier. Pres de la grande Eglise, on voit le Palais des anciens Comtes de Nevers, & dans la Cité des murailles tres-épaisses, d'où on peut inferer qu'autrefois cette Ville estoit tres-forte & d'une bonne

bonne defence. Elle joüit aujourd'huy du titre d'Evesché, dont l'Eglise Cathedrale est consacrée à S. Cyr.

L'Hostel-Dieu y est assez considerable, pour meriter que l'on prenne la peine de le visiter. Le Pont est composé de vingt Arches fort belles & d'une structure fort celebre. Il y a une fort belle Forteresse élevée à l'endroit où le Niévre mesle ses eaux avec celles de la Loire, qui sert de defence aux murailles de la Ville, qui sont fortifiées de plusieurs grosses Tours & entourées de fossez d'une effroyable profondeur. Il faut passer le Pont pour aller à

BOVRGES

Est la Ville Capitale de Berry, dont Cesar appelle les Peuples *Bituriges cubi*, à la distinction de ceux de Bordeaux, qu'il nomme *Bituriges vibisci*. Les divers Sieges que toute la Province a soutenus, tant contre les Romains, que contre les anciens Gaulois, marquent assez que ses Peuples ont toûjours esté fort belliqueux. Les Vvisigots la traitterent fort mal en suite des Romains; mais Charlemagne contribua beaucoup à son rétablissement; & apres luy l'Abbé de S. Ambroise, natif de ce Pays, l'agrandit tellement qu'il la rendit une des plus grandes & des plus fortes Villes de France.

Pendant les Troubles des Maisons de Bourgogne & d'Orleans, le Roy Charles VI. alla mettre le siege devant cette Ville, où le party des Orleanois s'estoit fortifiée, & Charles VII. s'en servit de retraite, lors que les Anglois regnoient presque dans toute la France. Sous le Regne de Charles IX. le party Huguenot s'en rendit maistre; mais enfin elle fut reduite à l'obeïssance de Sa Majesté.

Le Roy Jean érigea ce Pays en Duché & Pairie, en faveur de Jean son troisiéme Fils, ce qui fut confirmé par ses Successeurs Charles V. & Charles VI. Cette Ville qui fut autrefois le Siege de l'Empereur des Celtes, celuy des anciens Ducs de Berry, & la retraite de Charles VII. pendant que les Anglois estoient maistres presque de toute la France, est située dans une Plaine ceinte de marais de tous costez, & d'une petite Riviere.

Elle joüit du titre d'Archevesché, de Primat & de Patriarchat, dont l'Eglise Cathedrale est sous l'invocation de S. Estienne; sa voute sans pilliers est admirable dans son exhaltation, & la peinture de ses fenestres est estimée fort rare & fort exquise; ses maistresses murailles sont ornées de cinquante-neuf colomnes de pierre: On voit dans une Chappelle proche le Chœur, le Tombeau de Claude de la Chaſtre, Mareſchal de France, qui a ſervy glorieuſement ſix Roys, ſçavoir Henry II. François II. Charles IX. Henry III. Henry IV. & Louis XIII.

Il y a de plus une Sainte Chapelle déſervie par des Chanoines, fondée par Iean Duc de Berry, Frere de Charles V. dit le Sage, lequel y fut enterré dans un Tombeau de marbre, l'an 1404. ſur lequel ſon Epitaphe eſt décrite en vieux caracteres. Ieanne de France Epouſe de Louiſe XII. y a eſté enterrée depuis luy. Il ne faut pas oublier le Treſor, dans lequel il y a de fort magnifiques Paremens & des Vaſes d'Egliſe : On y compte juſques à cinquante-cinq Chapes fort riches, dont il y en a une de velours toute couverte de Pierres fines, entrelaſſées d'Emeraudes, de Chriſolithes, de Saphirs & de Rubis : On y voit encore une Couronne d'or, embellie de quantité de Pierreries, dans laquelle il y a une Epine de celle de Noſtre Seigneur enchaſſée ; une Croix d'or enrichie d'une infinité de fort belles Pierres fines, avec une grande quantité d'autres curioſitez qu'il eſt plus facile de voir que de décrire, & qui meritent d'eſtre attentivement conſiderées. Les Chanoines de la Sainte Chapelle ont ce Privilege

F ij

d'avoir la Jurisdiction de la Ville pendant quinze jours, vers la Feste de la Pentecoste.

On voit dans l'Eglise de S. Pierre le Pueillier, le Tombeau de ce fameux Jurisconsulte Cujas, sur lequel son Epitaphe est décrite en Vers Latins. Jeanne de France Duchesse de Berry, fonda la Maison des Filles de l'Annonciade, & Charlemagne celle des Filles de S. Laurens.

L'Hospital est l'un des plus beaux du Royaume, pour la nourriture des Pauvres & des Malades, dont on prend grand soin.

L'Université fondée par S. Louis, est fort celebre, principalement pour le Droict. Charles Duc de Berry & Frere de Louis XI. obtint plusieurs beaux Privileges du Pape Paul II. qui ont esté toûjours fort religieusement maintenus jusqu'à present: Il y a dans la Classe de Droict plusieurs belles Inscriptions à la memoire de Louis XIII. & de plusieurs Jurisconsultes qui y ont fleury & enseigné; comme Alciat, Baldoüin, Cujas, Mercier, & autres, dont les Effigies se voyent dans le Jardin de Mercier, qui est un des plus beaux ornemens de Bourges, de mesme que le magnifique Palais de Iacques Chœur, Tresorier de Charles VII. Il y a sous le Palais des voutes souterraines, que l'on dit conduire à Sancerre, & à Dun-le-Roy, avec d'autres particularitez fort considerables, comme un Cabinet qui est toujours fermé, à cause, dit-on, que les Armes de Charles VII. apportées de Turquie y sont, & un Habit à la Turque qui est sur l'Autel.

Il y a encore dans Bourges les Arenes, qui sont une illustre marque de quelque superbe Amphiteatre, & la Maison des Allemans, dont plusieurs vont faire leur séjour dans cette Ville, à cause des grands Privileges qu'il y a en faveur de la Nation. Il n'y a gueres de Ville en France dont les murailles soient revestuës d'un si grand nombre de Tours que celles de Bourges; on en compte 80. dont la plus grosse est si élevée que l'on découvre de dessus trois ou quatre lieuës de Païs. Ceux qui ne veulent pas passer à Bourges, se laissent porter sur la Loire, jusques à

ORLEANS.

C'est une des belles Villes du Royaume que l'on croit estre l'ouvrage des Druides, les anciens Prestres des Gaulois. Belleforest nous avertit que l'Empereur Aurelian l'accrut beaucoup en faveur des mesmes Druides, qui luy avoient prédit beaucoup de choses qui luy devoient heureusement reüssir, & qu'elle prit le nom d'*Aurelia* en

Latin, & que les François ont en suite appellé Orleans, à l'imitation des anciens Fondateurs des Villes, qui laissoient leurs noms à celles qu'ils faisoient élever, comme Rome, de Romulus; Alexandrie, d'Alexandre; Pompejopolis, de Pompée; Adrianopolis, d'Adrian; & ainsi de plusieurs autres.

Cette Ville porte le Titre de Duché, & sert d'appanage au deuxiéme Fils de France, ce qui s'est fait sous la troisiéme Race des Roys; au lieu que dans la premiere, la France ayant esté souvent divisée en Tetrarchie, Orleans portoit le titre de Royaume, qui comprenoit le Dauphiné & la Provence, jusqu'à la Mer Mediterranée, auquel en suite la Bourgogne fut jointe. Toutes ces particularitez se peuvent voir plus au long dans l'Histoire de France, de mesme que les divers Sieges que cette Ville a soufferts en divers temps; comme par Attila Roy des Huns, environ l'an 450. par les Anglois sous le Regne de Charles VII. & du temps des Roys Henry & François II.

Cette Ville est scituée sur la Riviere de Loire, aux frontieres de Beausse & de Sologne. Elle est bastie sur le penchant d'une mediocre Montagne, & fortifiée d'une bonne terrasse endossée d'une forte muraille, munie de quantité de Tours remplies de terre.

DE FRANCE.

Elle a un Siege Episcopal, dont l'Evesque depuis le temps de S. Agnan, qui fut le premier, a le Privilege à sa premiere Entrée & prise de possession, de remettre toutes sortes de Crimes, excepté ceux de Leze-Majesté. L'Eglise Cathedrale est sous l'invocation de Sainte Croix, laquelle ayant esté ruinée par les Huguenots, Henry IV. y a laissé dix mille livres tous les ans pour la faire rétablir, à quoy on travaille incessamment.

La Procession qui s'y fait tous les ans le troisiéme jour de May, merite d'estre veuë, tant à cause de sa pompe & de sa magnificence, que d'autres particularitez qui s'y rencontrent.

Il y a encore quantité d'autres Eglises, tant Collegiales, que Paroissiales & Religieuses de l'un & l'autre Sexe, parmy lesquelles les plus considerables sont celle de S. Estienne, où Louis le Gros fut sacré par S. Altin son Evesque, dans laquelle on voit les Epitaphes des Audeberts, Pere & Fils, qui y sont ensevelis, & dont le merite est assez connu aux Orleanois; celle de Saint Samson, où le Pape Estienne IV. sacra Louis le Debonnaire avec son Epouse; & l'Abbaye de S. Agnan, fondée par le Roy Robert.

Philippe le Bel y établit une Université, à laquelle il accorda quantité de Privileges fort considerables, que plusieurs Papes ont ensuite confirmez, & sur tous Clement V. natif de Bourdeaux, qui avoit fait ses Estudes à Orleans.

Les Allemans y joüissent de quantité de Privileges, qui ont esté authentiquement confirmez par les Roys Henry IV. & Louis XIII. Ils y ont une fort belle Bibliotheque garnie de quantité de bons Livres à leur usage particulier : Outre la Nation Allemande, il y en a encore trois autres, sçavoir la Françoise, la Picarde & la Normande, qui joüissent des Privileges accordez aux Escoliers de l'Université. On compte jusques à cinq Conciles qui se sont tenus à Orleans.

A l'endroit où se tient le Presidial qui s'appelle le Chastelet où l'on distribuë la Iustice, il y a une Tour du haut de laquelle on peut voir tout à plein la grandeur de la Ville; on y monte par 187. degrez, & on voit au dedans de l'une de ses Salles le Mariage de Louis XIII. & d'Anne d'Austriche.

Orleans a un fort beau Pont sur la Riviere de Loire, composé de seize Arches, où on voit trois Statuës de bronze, l'une de la Vierge, la deuxieme de Charles VII. & l'autre de Ieanne d'Arques, dite communément la Pucelle d'Orleans, armée, l'épée au costé & toute échevelée. Proche de là il

y

y a une Croix de bronze avec une Inscription: On fait tous les ans le 9. jour de May une Procession solemnelle, en memoire de ce que cette divine Fille envoyée du Ciel pour la delivrance de la Ville, fit lever le Siege aux Anglois, qu'elle chassa presque de toute la France. Au bout du Pont on voit une vieille Tour dans laquelle Hugues Capet Comte de Paris, & depuis premier Roy de la troisiéme Race, tint prisonnier Charles de Lorraine qui aspiroit à la Couronne, comme Premier Prince du Sang.

Le Mail qui est joignant les murailles de la Ville, est fort beau & long de 750. pas. Les Ruës d'Orleans & les Places publiques y sont belles & fort grandes; Les Fauxbourgs des deux costez sont d'une prodigieuse grandeur, principalement celuy qui conduit à Paris, où on voit le Monastere des Chartreux, qui merite d'estre visité.

Orleans est une des Villes de France que les Etrangers choisissent pour faire leurs Exercices: Il y a de bons Maistres de Langues, d'Armes & à Dancer; mais le motif principal qui y arreste les Etrangers, sont les grands Privileges dont ils joüissent; & comme les Allemans sur toutes les autres Nations, sont affectionnez à l'Etude du Droict, ils ont en ce lieu là toute la commodité possible d'y reüssir, & c'est pourquoy il y en a ordinairement un bon nombre. D'Orleans on va commodément à Paris par la voye du Meſſager qui part tous les jours, ſoit à Cheval, ſoit en Carroſſe.

Route de Peronne à Paris.

IL y a beaucoup d'Etrangers, tant Allemans que Hollandois, leſquels apres avoir veu les principales Villes du Païs-Bas, ſe rendent à Cambray, pour paſſer à Peronne : C'eſt une Ville frontiere de France, ſituée dans la haute Picardie, ſur la Riviere de Somme ; Elle eſt tres-bien fortifiée, & il y a une forte Garniſon pour ſa defence. Il n'y a rien à voir de conſiderable que ſes Fortifications & ſon Egliſe principale, qui eſt une des plus conſiderables de toute la Province. D'icy apres avoir paſſé par S. Quentin, & par la Fere, qui ſont des Villes dont les Fortifications meritent d'eſtre conſiderées, on ſe rend à

LAON.

C'eſt une Ville du Comté de Vermandois dans la Picardie, dont l'Eveſque joüit du titre de Duc & Pair de France Eccleſiaſtique. Il y a des Hiſtoriens qui diſent que

Hugues Capet estant monté sur le Trône des François, accorda cette Dignité à Ancelin Evesque de ce lieu, en consideration de ce que ce Prelat luy avoit mis entre les mains Charles de Lorraine son Competiteur à la Couronne, pour estre Frere de Lothaire & Oncle de Louis dernier Roy de la deuxiéme Race. Non loin de cette Ville est Nostre-Dame de Liesse, qui est une Devotion à la Vierge des plus celebres & des plus considerables de France; & apres avoir veu ce grand concours de Peuple qui y va tous les jours en pelerinage, on peut aller à

SOISSONS.

C'est la premiere Ville de l'Isle de France, située sur la Riviere d'Aisne, aux Frontieres de Picardie. Les Latins l'appellent *Augusta Suessionum*, & Cesar en ses Commentaires la recommande beaucoup comme une Ville qui commandoit à douze autres, & qui pouvoit mettre sur pied jusqu'à cinquante mille hommes : C'estoit le sejour du Gouverneur pour les Romains dans la Gaule Belgique, jusqu'au temps de Clovis I. qui leur osta, & fit tuer Siagrius leur Lieutenant. Ensuite dans le partage des Enfans de ce grand Roy, elle porta le titre de Royaume, duquel le Vermandois, l'Artois, la Flandre & la Normandie dépendoient. Clotaire Fils puisné de Clovis en fut le premier Roy, & apres luy Chilperic son Fils. Aujourd'huy elle porte le titre de Comté & d'Evesché dépendant de Rheims. En sortant d'icy on se laisse couler sur les eaux de l'Aisne, jusques à

COMPIEGNE.

C'est encore une Ville de l'Isle de France, qui a toûjours signalé son zele & sa fidelité pour le service de ses Roys; aussi porte-t'elle cette Devise, *Nunquam polluta*, ayant toûjours demeuré ferme dans leur obeissance. Il y a un fort beau Chasteau où la Cour fait son séjour ordinaire lors que la Guerre est en Flandres: C'est un Pays de Chasse à cause des Forests qui sont au voisinage. Charles le Chauve la fit reparer & augmenta beaucoup. La Pucelle d'Orleans faisant une sortie de cette Ville avec Pothon de Xaintrailles contre les Anglois fut prise en cette rencontre sous Charles VII. qui la firent brusler à Roüen, où elle fut conduite. D'icy on passe à

SENLIS.

Cette Ville n'a rien de considerable, bien

que ce soit un Evesché & Siege Presidial; mais il y a quelques Places aux environs qui meritent d'estre veuës, comme Villers-Cotterets, Maison Royale dans le Duché de Valois, qui est l'ouvrage de François I. Chantilly est une des plus agreables Maisons de France ; & Liancourt a quelque chose de si particulier pour les eaux, que l'on ne se repent point de les avoir veuës: apres quoy on se va reposer à Paris.

Route de Calais à Paris.

IL y a beaucoup d'Anglois qui se rendent à Douvres, Ville frontiere d'Angleterre, à cause de la commodité du passage qui n'est que de sept lieuës, & se font porter à

CALAIS.

C'est une Ville scise vis-à-vis de Douvres & une Clef de France, dont Cesar appelle les Habitans *Caletes*. C'est la plus considerable de la Comté d'Oye, qui fait une partie de Picardie: Elle a un Chasteau extrémement bien fortifié qui defend son Havre. Philippes Comte de Boulogne, Oncle du Roy S. Louis, la fit premierement clorre de murailles, & fortifier de bons

G iij

remparts. Edoüard V. Roy d'Angleterre s'en empara l'an 1347. & les Anglois l'ont gardée pres de trois cens ans, jusques au temps de Henry II. que le Duc de Guyse la reprit sur eux; Mais ayant esté reprise par le Cardinal Albert d'Austriche l'an 1596. elle fut remise en la puissance des François, par le Traité de Vervins, avec l'Espagnol deux ans apres. D'icy on passe à

BOVLOGNE.

C'est une Ville de Picardie, qui fut honnorée du titre de Comté par Charles le Chauve, avec Guynes, Oye & Artois, en faveur de Beaudoüin, surnommé Bras-de Fer. Louis VI. par une Devotion speciale voulut que ce Comté relevât de Nostre-Dame de Bologne. Henry VIII. Roy d'Angleterre, dont les predecesseurs l'avoient usurpée sur les François, la ceda à Henry II. Roy de France l'an 1549. moyennant la somme de 800000 escus.

Elle est divisée en haute & basse qui est assise sur la Mer: La haute éloignée de celle-cy d'environ cent pas, est plus élevée & ceinte de tres-bonnes murailles & de profonds fossez: Elle joüit du titre d'Evesché, dépendant de Rheims, au lieu de Theroüenne, que Charles-Quint ruina entierement. Ie conseillerois les Etrangers, auparavant que de passer à Abbeville, d'aller voir

ARRAS.

C'est la Ville Capitale du Comté d'Artois, située sur la Riviere de Scarpe, & si bien fortifiée, qu'elle passe pour une des plus fortes Places de l'Europe : Elle est divisée en deux parties ; la premiere qui est la Cité, est sujette à l'Evesque, & la deuxiéme qui est la Ville, dépend du Roy : Elle a de fort belles Ruës & de fort belles Maisons, qui sont appuyées sur de grandes voutes & arcades souterraines. Ses Places publiques sont fort magnifiques ; On voit dans la Cité, qui n'est pas de si grande étenduë que la Ville, le superbe Temple consacré à la Vierge, dans lequel on garde fort religieusement une certaine Manne, que S. Hierosme dit en ses Epistres, estre tombée miraculeusement de son vivant en ces quartiers là. Il y a encore une fort belle Bibliotheque, où on trouve quantité de rares Manuscrits de Theologie. Urbain II. l'érigea en Evesché. qui reconnut premierement l'Archevesque de Rheims ; mais le Pape Paul IV. le soûmit à celuy de Cambray. D'icy on peut aller droit à

ABBEVILLE

Est la Ville Capitale du Comté de Ponthieu, qui fait une partie de Picardie. Ce Comté a esté possedé par des Princes du Sang, & par des Filles de France ; car Iacques de Ponthieu, de la deuxiéme branche de la Maison de Bourbon, eust Iean son Fils qui épousa Catherine, heritiere du Comté de Vendosme ; & une Fille de France, mariée au Roy d'Angleterre, eust le Comté de Ponthieu en dot, pour lequel Edoüard presta le serment de fidelité au Roy Philippes de Valois en la Ville d'Amiens, l'an 1329. lesquels en suite se donnerent une sanglante Bataille pres de la Ville de Crecy, dépendante de ce Comté, en laquelle la pluspart de la Noblesse de France fut défaite, avec un grand nombre des plus vaillans Princes de l'Europe ; car Iean de Luxembourg, Roy de Boheme ; Charles Comte d'Alençon, Frere du Roy Philippes ; le Comte de Blois, Neveu dudit Roy du costé de sa Mere ; Raoul, Duc de Lorraine ; les Comtes de Flandres, d'Harcourt, de Sancerre ; le Dauphin de Viennois, avec quantité d'autres illustres Seigneurs, au nombre de douze ou quinze cens furent tuez, avec trente mille Hommes l'an 1546.

Ce Comté fut réüny à la Couronne par Charles VII. Abbeville est située sur la Riviere de Somme & assez bien fortifiée, où il y a ordinairement Garnison de la part du Roy : L'on y travaille de fort bonnes Armes à feu & qui sont fort estimées : Il ne seroit pas juste que les Etrangers passassent par Abbeville, sans aller voir

AMIENS.

C'est une ancienne Vidamie, & l'une des plus fortes Places du Royaume, située sur la Riviere de Somme : C'est la Metropolitaine de Picardie, appellée par les Latins, *Ambianum*, parce qu'elle est entourée d'eaux. Les Espagnols s'en rendirent les maistres sous le Regne d'Henry IV. par une Charrette de Noix qu'ils firent entrer dans la Place ; mais ce grand Monarque la reprit sur eux l'année suivante par la force de ses armes, d'où est venu le Proverbe, Amiens fut prise en Renard, & reprise en Lyon.

Le Roy pour punir la laschété de ses Habitans qui avoient refusé la Garnison que l'on y avoit voulu mettre & qui s'estoient mal defendus, leur osta tout le Canon pour mettre dans la Citadelle qu'il y fit élever, sur une Porte de laquelle on voit sa Statuë, avec cette Inscription.

Vt beneficium sidus, Henrici IV. vultum posteri norint; quem Vrbs & Orbis Gallicus Regem ac liberatorem habet.

L'Eglise Cathedrale est l'une des plus belles de France, dont la magnificence du Chœur, des Portes, des Colomnes, des feneſtres & des Autels, avec une infinité d'Epitaphes qui y sont, meritent la curiosité des Etrangers. Il ne faut pas oublier de visiter une petite Chapelle, où on montre avec grande Devotion la Teste de S. Iean Baptiste, enfermée dans un Cristal; Si on veut pousser plus avant sur la mesme Riviere de Somme, on peut aller à Corbie, qui est une Ville considerable, à cause de ses Fortifications. De Corbie on doit prendre le chemin de

NOYON.

C'est une petite Ville de Picardie assise sur la Riviere d'Oyse. Deux choses la rendent considerable: La premiere, le Couronnement de Hugues Capet, Chef des Roys de la troisiéme Race qui s'y fit, les Estats Generaux y estans assemblez, à l'exclusion de Charles de Lorraine, Frere de Lothaire & Oncle de Louis dernier Roy de

DE FRANCE.

la seconde Race, tant à cause qu'il avoit favorisé le party des Allemans contre les François, que parce qu'il avoit receu à foy & hommage de l'Empereur Othon, la Duché de Lorraine.

La deuxiéme est la naissance de Calvin, qui estoit Chanoine de cette Ville, & qui se retira à Geneve, où il fut fait Ministre, & y dressa l'ordre de la Discipline Ecclesiastique: On y voit encore sa Maison qui n'est pas de grande importance. L'Evesque de Noyon porte le titre de Comte & Pair Ecclesiastique, qu'on dit luy avoir esté accordé par Hugues Capet. D'icy on va à Compiegne, ensuite à Senlis, & puis à Paris, dont nous avons déja parlé.

Ceux qui ne veulent pas aller jusqu'à Corbie, peuvent d'Amiens prendre le chemin de

BEAUVAIS.

C'est encore une Ville de Picardie, Capitale du Pays Beauvoisin: Cesar en parle dans ses Commentaires en des termes fort avantageux, & dit que ceux du Pays surpassent tous les autres Belges, en courage, en authorité & en nombre d'Hommes. La Ville est belle, forte d'assiette, magnifique en Bastimens, fertile en son terroir, & renommée par le commerce de ses Serges: On y travaille aujourd'huy de fort bonnes Tapisseries. On tient aussi que Hugues Capet donna à son Evesque le titre de Comte & Pair Ecclesiastique. Ses Habitans pour avoir soûtenu le Siege contre Charrolois Roy de Bourgogne l'an 1472. ont esté exempts du Ban & Arriéreban, & ont le pouvoir de tenir des Fiefs sans payer aucune finance à la Couronne. Les Femmes pour y avoir aussi fait paroistre une generosité extraordinaire, ont le Privilege de preceder les Hommes dans une Procession qui s'y fait tous les ans le jour de S. Agadresme. Les Latins l'appellent *Bellovacum*, d'où ceux du Pays ont esté appellez Belges. D'icy on prend le chemin droit à Paris par S. Denys, dont nous avons déja parlé, à moins que l'on veüille auparavant passer par Ponthoise, qui est une petite Ville assez agreable.

Route de Dieppe à Paris.

LEs Anglois qui s'embarquent à la Rye pour passer en France, vont prendre terre à Dieppe, où apres avoir consideré la Place, & les beaux ouvrages qui s'y font, tant en cuivre, qu'en yvoire & en buis, on prend le chemin de

ROUEN.

C'est la Metropolitaine de Normandie, qui est l'une des plus belles Provinces de France, & que les premiers François appellerent Vuestrie ou Neustrie, c'est à dire France Occidentale, à la difference de l'Ostrie ou Austrasie, c'est à dire France Orientale, qui est la Lorraine: En suite elle prit le nom de Normandie, de quelques Nations Septentrionales qui s'en rendirent les Maistres.

Avant la fondation de la Monarchie Françoise, cette Province avoit ses Ducs ou ses Roys Souverains; mais le grand Clovis I. de ce nom la reduisit en Province, qui porta long-temps le titre de Comté, mais Charles le Simple l'érigea en Duché en faveur de Rollo ou Raoul, Chef de ces Peuples Septentrionaux qui se rendirent si considerables par leurs Conquestes en Angleterre, Pays-Bas, & France, que ce Prince fut obligé de faire la paix avec ce Conquerant, auquel il donna sa Fille Gillette en Mariage. Hugues Capet l'érigea en Pairie, & elle fut possedée toûjours par ses Ducs à foy & hommage de la Couronne de France, jusques au Regne de Philippes Auguste, qui la réünit à ladite Couronne, par la felonnie de Iean, fur-nommé Sans-Terre, Roy d'Angleterre, qui avoit fait tuer Artus fon Neveu. Enfuite les Anglois la poffederent durant trente ans jufques'au temps de Charles VII. & depuis Louis XI. la réünit à la Couronne.

C'eft affez parlé du Pays, entrons dans la Ville, qui eft l'une des plus belles du Royaume & des mieux peuplées, à caufe de fon Port, de fon Parlement, & autres Cours Souveraines : On tient que Jules Cefar la ceignit de murailles, & y mit une Colonie de Soldats Romains, pour la defenfe de tout le Pays.

Elle eft fituée dans un fonds, entourée de Campagnes fort delicieufes fur la Riviere de Seine, où il y a deux forts beaux Ports, l'un au deffus du Pont, que l'on appelle le Quay de Paris : l'autre eft au deffous du Pont, appellé le Quay des Navires. On paffe la Seine fur un Pont fait de Batteaux, pour aller au Fauxbourg de S. Severe, où il y a un fort beau Ieu de Mail ; car celuy de pierre qui eſt admirable pour fa hauteur & profondeur, de treize arches feulement, mais fort larges, eft ruiné en partie, & partant rendu inutile.

Dans la Ville il y a trois petites Rivieres, d'Aubette, de Robec, & de Renelle, qui font moudre quantité de Moulins à Bled, à Tanneur, à Foulon de Draps, à Teinturiers, à Taillandiers, & à Huile, sur lesquelles il y a trois Ponts de mesme nom, pour faciliter le passage.

L'Eglise Metropolitaine consacrée à la Sainte Vierge, sous le nom de N. Dame, fut bastie à ce que l'on tient par Raoul I. Duc de Normandie, dont nous avons parlé. Elle a trois grosses Tours, dont la premiere s'appelle la Tour de S. Romain; la seconde, la Tour de Beurré, à cause qu'elle fut bastie des deniers recüeillis sur le Peuple pour la Dispense obtenuë du Cardinal George d'Amboise Legat en France, de manger du Beurre en Caresme; Elle est couverte de plomb, & au dessus il y a une grande Croix en façon de Girouette, avec un Chapeau de Cardinal, & ces Lettres G. A. On y monte par quatre cens quatre-vingts & deux marches. La troisiéme s'appelle la Tour de Bois, élevée en forme de pyramide sur le Parvis, & faite d'un artifice autant merveilleux qu'on en puisse voir, dans laquelle il y a une Cloche du poids de six cens soixante & six livres, donnée par Louis Chevalier Seigneur de Graville, Grand Admiral de France; mais celle qui est dans la Tour de Beurre, appellée George d'Amboise, est d'une prodigieuse grandeur, on la tire par quatre cordes & pese trente-six mille livres, dont le battant est de sept cens dix livres de poids ; Elle a trente pieds de tour par en bas, dix de largeur, & dix de hauteur, autour de laquelle on lit quelques Vers à l'honneur du Cardinal d'Amboise. La Nef de l'Eglise est soûtenuë de quatorze gros pilliers de chaque costé. L'Orgue est l'une des plus belles & des plus grandes qui soient en France, qui fut faite aux despens de Robert de Crosmare, Archevesque de Roüen. Les Ornemens des Prestres & les Paremens d'Autel sont magnifiques, & on y en voit encore qui furent donnez par Guillaume Roy d'Angleterre, & par le Cardinal d'Amboise, il y a plus de deux cens ans. Le Tresor est remply de quantité d'argenterie, de Mitres relevées d'or & de perles, de Crosses & autres Ornemens Pontificaux, parmy lesquels il y a une Chape ou Manteau d'Archevesque de petit poinct, sur lequel l'Histoire de Jesus-Christ disputant dans le Temple, son Baptesme, & la Tentation au Desert, est admirablement bien representée. On peut remarquer dans l'Eglise quantité de belles Epitaphes, tant du Cardinal d'Amboise, que de plusieurs Archevesques, & Ducs de Normandie. La Statuë de Charles V. relevée en marbre avec son Cœur, y sont encore : On y voit de plus dans la Chapelle

des

des Saints Innocens, l'Histoire de S. Romain & du Dragon qu'il tua, ce qui donna lieu au Privilege si considerable que le Roy Dagobert accorda à S. Oüen, Archevesque de Roüen, & successeur de S. Romain, lequel a esté confirmé par tous les Roys de France jusqu'à present. Ce pieux Monarque accorda au Chapitre de Nostre-Dame, de pouvoir tirer des Prisons le jour de l'Ascension, l'un des plus Scelerats qui y soit, que le Parlement, toutes les Chambres assemblées en Robes rouges, absout de tous ses Crimes; ce qui se fait avec plusieurs belles Ceremonies, qui sont plus agreables à voir, que non pas à décrire.

En sortant de l'Eglise de Nostre-Dame, ou bien en y entrant, portez la veuë sur la Porte qui fut bastie en l'honneur de Henry IV. avec trois Graces au dessus, & un Arc de Triomphe, avec l'Idole de la Ligue enchaisnée & rongeant son lien, où le Roy d'Espagne paroist assis sur une Cloche tout triste & melancolique.

Le Monastere de S. Oüen, où les Roys de France estans à Roüen, tiennent leur Cour, merite d'estre visité. L'Eglise est l'un des plus beaux Edifices qui se puissent voir; les deux fenestres qui sont dans la Chapelle de S. Agnés, qui sont en forme d'une double Rose, sont des Chefs-d'œu-

H

vres qui meritent d'eſtre conſiderez. Outre ces deux Egliſes, il y en a une infinité d'autres, tant Collegiales, que Paroiſſiales & Religieuſes. On peut encore voir le Vieux Palais, qui eſt une Fortereſſe en forme de Citadelle, de Figure quarrée regardant la Riviere de Seine. Le Roy y entretient Garniſon, commandée par un Gouverneur ou Lieutenant de Roy; On voit ſur le frontiſpice la Statuë de Henry IV. en forme d'Hercule. L'Effigie de ce meſme Roy ſe voit ſur le frontiſpice du Palais, où le Parlement qui y fut étably par Louis XII. tient pour l'adminiſtration de la Juſtice dans toute la Province : Outre le Parlement il y a encore une Chambre des Comptes, la Cour des Aydes, la Cohuë ou Preſidial, & la Bource ou l'Eſtrade, qui eſt la Juriſdiction des Marchands.

Enfin ſi vous prenez la peine de vous promener dans Roüen, vous y remarquerez cent vingt-cinq Ruës ou ruelles, treize Places publiques où on tient le Marché, vingt-trois Fontaines, ſeize Portes dont celle de S. Hilaire eſt remarquable par la mort d'Antoine de Bourbon, Pere de Henry IV. qui fut tué d'un coup de Mouſquet en faiſant de l'eau l'an 1563. dans la Guerre contre les Huguenots, ſur quoy il eſt à remarquer que Henry IV. eſtant devant la Ville, qu'il avoit assiegée, les murailles tomberent d'elles-mesmes de ce costé-là.

Ceux qui se contentent de voir seulement Roüen, s'en vont droit à Paris, sans qu'il y ait rien de remarquable qui merite de les arrester en chemin ; mais je conseilleray aux Etrangers de faire un petit tour dans la Province, & apres avoir veu Gaillon qui est la Maison de plaisance de l'Archevesque de Roüen, de descendre sur la Riviere, jusques au

HAVRE DE GRACE.

C'est une Place sur l'embouchure de la Seine, que François I. fit élever contre les Incursions des Anglois. Le Cardinal Duc de Richelieu, qui en connoissoit l'importance, prit le soin de la faire fortifier : Il y a ordinairement Garnison, commandée par un Gouverneur ou par un Lieutenant de Roy. D'icy on peut aller soit par terre, soit par eau, selon la commodité qui se rencontrera à

CAEN

Est la principale Ville de la Basse Normandie, située sur la Riviere d'Aulne, & ornée de fort beaux Edifices, tant publics que particuliers: On tient que Cajus Cesar en jetta les premiers fondemens, d'autant que ce fut en cet endroit qu'il établit sa demeure, lors qu'il entreprit le Voyage de la Grand' Bretagne. Les Latins l'ont aussi appellée *Cadomus*, comme qui diroit *Caij-Domus*. Guillaume le Conquerant Duc de Normandie, & Mathilde son Epouse y faisoient leur demeure ordinaire, & on y voit leurs Tombeaux. Bien qu'il n'y ait point d'Evesque, il y a pourtant une Université fondée sous le Regne de Charles VII. Les Etrangers y font quelquefois leur séjour & leurs exercices, qui y sont assez bons; son terroir à cela de particulier, que l'on y cüeille d'assez bons Vins, ce qui ne se trouve point dans le reste de la Normandie, où on se sert de Cidre pour boisson ordinaire. D'icy on peut passer à

BAYEVX

Est la Ville Capitale du Païs Bessin, qu'on tient avoir esté bastie par Belus, à cause du nom Latin *Bellocasium*, comme qui diroit Case ou Demeure de Belus. Cesar dans ses Memoires, appelle ses Habitans *Bellocasiens*. Belleforest les nomme *Bajocasses*, de leur Ville qu'il appelle *Bajoca*: C'est une Ville Episcopale, qui a le titre de Vicomté, laquelle apres avoir visitée on peut passer à

CONSTANCE.

C'est la principale Ville du Pays de Constantin en Normandie. Ammian Marcellin qui vivoit du temps de l'Empereur Constantius, Pere de Constantin le Grand, l'appelle *Castra Constantia*, & dit qu'elle tire son nom de cet Empereur qui l'embellit & la fortifia pendant le séjour qu'il fit en Normandie : On y voit encore les vestiges de ses anciennes murailles que les Anglois démolirent du temps de Charles VII. C'est un Evesché & Siege Presidial qui ressortit au Parlement de Roüen. D'icy on peut passer à

AVRANCHES.

C'est une Ville tres-ancienne, située à l'Occident de la Normandie, & que les premiers François Chrestiens érigerent en Evesché. Les Latins l'ont appellée *Arbirica* & *Abrinca*, des Arbres & des Bois de haute-fustaye dont elle estoit environnée autrefois ; elle joüit du titre de Vicomté. Auparavant de s'éloigner de ces quartiers, je conseillerois les Etrangers d'aller voir le Mont S. Michel, qui est un Roc dans la Mer, où il y a une Devotion particuliere à cet Archange, & en suite prendre le chemin du Pays du Maine.

LE MANS.

C'est la Ville Capitale du Pays du Maine, qui fut premierement un Comté, en suite un Marquisat, & enfin le Roy Jean l'érigea en Duché en faveur de Louis son second Fils, qui l'eut pour son appanage. Les Anglois ont possedé fort long-temps ce Pays, qui estoit une dépendance de la Guyenne; mais Saint Louis par accord fait avec Henry III. Roy d'Angleterre, le réünit à la Couronne & Domaine de France, moyennant la somme de 50000. escus. Cesar parle de ses Peuples sous le nom de *Cenomani* & *Auleni*, & en fait une fort honnorable mention. Ie ne m'arreste point à l'étymologie du nom, qui est incertaine, quoy qu'il y ait apparence que la Riviere du Maine qui arrouse la Province, luy a communiqué son nom.

La Ville est assise sur la Riviere de Sartre, & son Eglise consacrée à Saint Julien, dont les Roys de France sont premiers Chanoines, est fort belle & fort magnifique : Elle a un Evesque, & est desservie par 36. Chanoines : On tient que la Nef de cette Eglise estoit le Palais de Defensor, Gouverneur pour les Romains en ce Pays, lequel fut converty à la Foy & baptisé par S. Julien; On remarque encore aujourd'huy aux pilliers qui soûtiennent la voute, quelques vieilles Armoiries de Crapaux; ce qui confirme le sentiment de ceux qui disent que les premieres Armoiries de France estoient composées de ces vilains Animaux. D'icy en montant toûjours la Riviere de Sartre on va à

ALENÇON.

C'est un ancien Comté de Normandie, sur la Riviere de Sartre. Charles VI. l'érigea en Duché & Pairie, & plusieurs Enfans de France l'ont euë en appanage. La Ville est fort agreable, & on y travaille de fort belles Dentelles, que l'on appelle vulgairement Poinct d'Alençon, dont on peut se fournir auparavant que de passer à

BELESME

Est une Ville du Perche qui a esté long-temps sous la Domination des Anglois, de mesme que le Maine. Ce nom de Perche doit estre nouveau; car Cesar parlant des Peuples de ce Païs, les appelle *Vdelly & Aulery* & fait mention de Viridoüix Roy de cette Contrée. Auparavant que Charles VIII. réunit le Perche à la Couronne de France, il avoit ses Comtes particuliers.

Les Estats de la Province s'assemblent ordinairement à Belesme, où il y a un Grenier à Sel, & d'où vous devez aller à

CHARTRES.

C'est une fort belle & ancienne Ville de la Beausse, & c'estoit la demeure des Druides, anciens Prestres des Gaulois, qui y bastirent un Temple dedié à la Vierge, tenant un Enfant entre ses bras, avec cette Inscription sur le frontispice, *Deipara Virgini*; C'est encore la Chappelle qui est au dessous de la grande Eglise, qui est l'une des plus magnifiques de France. C'estoit autrefois un Comté, mais François I. l'érigea en Duché & la réunt à la Couronne de France. Cesar parle de ses Peuples comme des plus vaillans qui fussent parmy les Gaulois, lesquels se revolterent souvent contre les Romains, qui enfin les receurent dans leur alliance. C'est un des plus grands Eveschez de France; il y a un Presidial, & il y a eu un Concile sous Eugene III. pour le Recouvrement de la Terre-Sainte. D'icy on prend le Messager ordinaire pour aller droit à Paris.

Ceux qui ne veulent pas faire un si grand tour

tour, peuvent aller de Caën tout droit à Alençon, & en suite à Belesme & à Chartres; Mais si d'Alençon vous voulez descendre sur la Riviere de Sartre, vous pouvez aller du Mans droit à Chartres, sans passer à Belesme: chacun peut faire ce qu'il jugera à propos.

Du petit & du grand Tour.

LEs Etrangers entendent ordinairement par le petit Tour les Villes qui sont sur la Riviere de Loire, depuis Orleans jusques à Nantes en Bretagne, avec les lieux voisins ou adjacens qui meritent d'estre veus. Quelques-uns l'étendent jusques à la Rochelle, & mesme jusques à Bourdeaux, d'où ils s'en retournent à Paris.

Mais par le grand Tour ils entendent outre les Villes susdites, le Voyage par la Guyenne, le Languedoc, la Provence & le Dauphiné, jusques à Lyon, d'où ils s'en retournent à Paris, ou bien comme font beaucoup d'Allemans, Polonois & Suedois en leur Païs, par la Franche-Comté, ou par Geneve, & en suite par la Suisse. Quelques-uns passent de Lyon en Italie; mais il nous faudroit trop de temps pour les suivre, laissons les aller & poursuivons le dessein que nous avons fait de décrire premierement le petit Tour, & en suite le grand.

Description du petit Tour.

ON commence ordinairement le petit tour par Orleans dont nous avons déja parlé : Ceux qui veulent voir Clery, qui est une Chapelle que l'on rencontre en chemin, élevée par Louis XI. & où est son Tombeau, prennent des Chevaux à Orleans, ou bien la commodité de quelque Messager ; mais ceux qui aiment mieux celle de la Riviere, s'y embarquent dans une Cabane, pour aller à

BLOIS.

C'est une Ville & Comté, Capitale du Pays Blaisois: Elle est scituée sur la Riviere de Loire, & jointe par un beau Pont qui a quantité de Moulins à eau & un grand Fauxbourg qui est de l'autre costé. C'estoit autrefois la demeure des Roys de France, & leurs Enfans y estoient ordinairement élevez: Elle a eu ses Comtes particuliers auparavant qu'elle fut unie à la Couronne,

& presentement on la donne avec la Duché d'Orleans au second Fils de France. Louis XII. jetta les fondemens du Chateau, sur le frontispice duquel on voit sa Statuë avec quelques Vers que l'on dit avoir esté les derniers que le Poëte Faustus a composez. Ioignant le Chasteau il y a deux beaux Iardins qui en dépendent, en l'un desquels il y a une grande Gallerie qui les separe, & dans la Court exterieure est l'Eglise de S. Sauveur assez belle, où on voit quelques Tombeaux de ses anciens Comtes, & des Fils & Filles de France.

Ioignant les Iardins, on trouve les Allées, qui est une promenade des plus delicieuses, & longue d'une demy-lieuë, au bout de laquelle on trouve un fort beau Ieu de Mail. Plus avant on rencontre la Forest de Blois, pleine de Gibier & de Bestes fauves, & au delà de la Riviere on voit les Forests de Roussy & de Bologne, où les Roys vont prendre par fois le divertissement de la Chasse.

Non loin du Chasteau, est le Gouffre, qui est le Reservoir de toutes les eaux qui se communiquent dans la Ville, par le moyen des tuyaux soûterrains qui les y portent: On tient que c'est l'ouvrage des Romains, de mesme que ce grand Esgoust qui traverse toute la Ville, & qui porte les immondices dans la Riviere.

La bonté de l'air, la pureté de la Langue, l'agréement de la Promenade, la douceur de l'entretien, la delicateſſe des viandes & du vin, & l'exellence de toutes ſortes d'Exercices, ſoit pour l'eſprit, ſoit pour le corps, arreſtent beaucoup d'Etrangers, qui ont bien de la peine de quitter Blois apres qu'ils en ont gouſté les charmes des Penſions : Il y en a de toutes ſortes pour ſatisfaire tout le monde. Entre les principales ou les plus communes, on y compte la Penſion coquette, la Penſion magnifique, la Penſion riante, la Penſion ſalée, la Penſion abbatuë, la Penſion enjoüée, la Penſion mediocre, & la Penſion puante : Outre celles-là il y en a pluſieurs autres particulieres pour une ou pour deux perſonnes, que l'on appelle les Penſions ſolitaires ; car à Blois ce ſont des Gens à Sobriquets.

Il y a quelques lieux aux environs de Blois qui meritent que les Etrangers ſe donnent la peine de les voir : Le premier eſt le Chaſteau de Chambort, Maiſon Royale commencée par François I. le deſſein en eſt magnifique, & ce qu'il y a de plus remarquable, eſt ſon Eſcalier fait ſi artiſtement & d'une telle maniere, que deux perſonnes le montant, ſe ſeparent inſenſiblement ſans ſe voir & ſans ſe rencontrer qu'au haut à chaque étage. Comme le Bastiment est imparfait, ce n'est presentement qu'une masse de pierre informe.

Le Parc qui accompagne le Chasteau, est de sept lieuës de tour, environné de murailles, & remply de Bestes fauves & de Gibier.

D'icy on peut aller à Herbeaux, qui est une Maison fort riante à cause de ses eaux, de ses Iardins & de son Parc; En suite on passe par Ville-Savin, par Chiverny, qui est un magnifique Chasteau, & enfin par Beauregard, qui est un superbe Bastiment accompagné de tres-beaux Parterres, & dont la Gallerie est ornée des Peintures des plus grands Hommes qui ont fleury en leur Siecle dans toutes sortes de Pays.

On peut encore aller voir le Chasteau de Bury, & là aupres Orchese, qui est un petit Village où estoient autrefois les Magasins de Cesar; aussi les Latins appellent ce lieu là, *Horrea Cesaris*. La Fontaine est admirable, en ce qu'elle vient d'un Rocher où il y a une ouverture dont on ne trouve point le bout. Il ne faut pas oublier la découverte que l'on a faite en cet endroit de la Terre Sigillée, dont les Medecins se servent à plusieurs usages dans les Remedes qu'ils ordonnent. Apres avoir veu tous ces lieux, on s'en va à

TOVRS.

A deux lieuës de Blois, auparavant que d'arriver à Tours, on rencontre Amboise, où il y a un Chasteau Royal qui merite d'estre veu. On peut monter sur le sommet avec un Carrosse attelé de deux ou quatre Chevaux, & dans une des Salles il y a un Bois de Cerf d'une si prodigieuse grandeur, que plusieurs se persuadent contre la verité que ce soit un ouvrage de l'Art, plutost que de la Nature. Apres avoir satisfait sa curiosité, on rentre dans le Batteau pour poursuivre son chemin vers Tours Capitale de la Province de Touraine.

On appelle ses Peuples Tourangeaux, dont Cesar parle en des termes fort avantageux, sous le nom de *Turones*, & on les tient des plus anciens de la Gaule Celtique. S. Gregoire de Tours assure en plusieurs endroits de ses Commentaires, qu'ils estoient appellez Citoyens Romains, & qu'ils joüissoient des Droicts & Privileges des anciens Romains.

Les Comtes de Blois & de Champagne ont long-temps possedé ce Pays, & il a eu toûjours ses Comtes particuliers jusques à Iean, dit Sans-terre, dont la felonnie unit la Province à la Couronne de France, avec les autres Terres Souveraines qu'il tenoit mouvantes de ladite Couronne. Depuis les Roys de France l'ont érigée en Duché. Le Roy Iean la donna en appanage à son Fils Philippes dit le Hardy, & Charles V. en disposa en faveur de Louis son Fils puisné.

La Ville est scituée sur les Rivieres de Loire & du Cher, beaucoup plus longue que large : Elle est jointe à un grand Fauxbourg par un grand beau Pont de dix-huit arches sur la Loire, qui forme en cet endroit plusieurs petites Isles fort agreables. Du costé de la terre il y a un Ieu de Mail des plus beaux, qui égale la longueur de la Ville. C'est un Siege Archiepiscopal dont l'Eglise est dédiée à S. Gratian son premier Evesque. Le Chœur est tres-magnifique, & les murailles qui composent ce superbe Edifice, sont ornées de quantité de Statues admirablement bien élabourées ; Trois grosses Tours lay servent d'ornement, dont l'Horloge est peut-estre l'une des plus artistement travaillée.

S. Martin est encore une fort belle Eglise, où il y a un celebre Chapitre ; l'Eglise a cinquante-deux fenestres, vingt colomnes qui soûtiennent la voute, & huit Portes. L'Orgue est l'une des plus belles & des plus magnifiques de France. Cet Edifice a trois grandes Tours, dont une a trois cens vingt-huit marches, du haut de laquelle on découvre à plein la Ville & la Campagne bien au loin. Il y a dans cette Tour une Cloche dont le diametre est de sept pieds & demy, la circonference de vingt-deux, & dont le battan pese cinquante livres. Il y en a une deuxieme qui n'est guere moins grande, & la Sonnerie de S. Martin est tenuë pour l'une des plus harmonieuses de France.

L'Histoire de France remarque que Clovis I. estant à Tours, il reçeut les Ambassadeurs d'Anastase Empereur des Grecs, qui luy apporterent des Lettres, par lesquelles ledit Empereur luy donnoit le titre de Consul, de Senateur & de Patrice Romain, & luy envoya en mesme temps une Couronne d'or, & une Robe telle que les Senateurs Romains la portoient. Charlemagne estant arrivé à Tours, apres avoir imploré l'assistance de S. Martin, donna Bataille avec quinze cens François, à trois cens quatre-vingts cinq mille Sarrasins pres de cette Ville, conduits par Abderame, Roy de la pluspart des Espagnes, qu'il défit entierement.

Tours n'est pas seulement considerable par la naissance du Pape Martin VI. mais encore pour avoir esté le Siege de quatre Conciles, composez des Evesques de l'Eglise Gallicane ; & il ne sera pas hors de propos d'avertir le Lecteur de l'origine du mot *Huguenot*, qui a pris naissance à Tours par cette occasion. Le vulgaire a crû fort long-temps qu'il y avoit un Lutin qui rodoit de nuit les ruës, que l'on appelloit le Roy Hugon ; c'est pourquoy le Peuple ayant appris qu'il y avoit des Gens qui faisoient des Assemblées de nuit, qui estoient ceux que l'on appelle de la Religion, les appella Huguenots, comme qui diroit Disciples de Hugon, qui ne se faisoient oüir que de nuit.

Le Chasteau basty sur une roche & estimé imprenable, est considerable pource qu'il a servy de lieu de seureté où on mettoit les Reynes & les Enfans de France, pendant les Guerres Civiles qui affligeoient le Royaume. Apres la mort du Duc & du Cardinal de Guise, tuez au Chasteau de Blois, Henry III. y mit en prison son Neveu, pour faire avorter le dessein des Partisans de son Oncle, qui le vouloient couronner Roy de France. Il ne laissa pas pourtant de s'échaper, & se retira dans l'Armée de Monsieur de la Chastre, & moyenna en suite sa paix avec le Roy.

La Manufacture des Estoffes tant de soye que de laine, est une des choses les plus remarquables qui soient à Tours ; & il ne faut pas oublier d'aller voir à deux lieuës de la Ville des Caves qui sont dans le Roc, d'où l'eau distille continuellement & se congele ou conuertit en pierre, mesme dans les plus grandes chaleurs, produisant une infinité de differentes formes transparantes comme du Sucre candy.

Il y a à Tours un Siege Presidial des plus illustres, une Generalté de Tresoriers avec une Cour des Monnoyes; & enfin un Maire, qui a avec les Eschevins le Gouvernement particulier de la Ville.

Il y a encore proche de Tours un superbe Monastere de S. Benoist, appellé Marmonstier, dont S. Martin jetta les premiers fondemens. On y voit l'Ampoulle remplie d'Huile, que l'on tient avoir esté apportée du Ciel par un Ange à S. Martin, pour en oindre ses playes, de laquelle Henry IV. fut sacré à Chartres, où elle fut portée par quatre Religieux. Il y a sur la porte du lieu où est ladite Ampoulle cette Inscription.

Angelus Ampullâ Martini saucia membra unxit, & Henricus maximus omen habet.

Le Plessis qui est une Maison Royale, & le premier Convent de France des Peres Minimes, est un lieu fort agreable & considerable par la mort de Louis XI. qui y deceda, apres avoir fait venir de Calabre

S. François de Paule, par les prieres duquel il esperoit obtenir sa guerison. Cette Maison est fort frequentée à cause de la Devotion de ce Saint. Apres avoir veu toutes ces particularitez, on peut prendre le chemin de la Fleche, où se voit cette illustre Maison que Henry IV. donna aux Iesuistes qui en ont fait le plus magnifique College qu'ils ayent en France, & en suite passer à

SAVMVR.

C'est une Ville d'Anjou située sur la Loire, & jointe à un grand Fauxbourg par un beau Pont élevé sur ladite Riviere. Elle est d'une étenduë assez mediocre, mais fort agreable, à cause de sa situation, & des Plaines voisines, qui servent de promenade. Il y a un Chasteau qui commande sur la Ville, qui a un Gouverneur particulier. Ceux de la Religion y ont un beau Temple, & quelques Classes pour leur usage. A un demy quart de lieuë, les Peres de l'Oratoire ont une Eglise fort celebre, à cause de la devotion à la Vierge, à laquelle elle est consacrée. On l'appelle N. Dame des Ardilliers, & elle est tellement frequentée, qu'il semble qu'il y ait tous les jours Foire en cet endroit, principalement le matin que le monde y va faire dire des Messes.

D'icy on va ordinairement voir cette magnifique Maison du feu Cardinal Duc Richelieu, qui est l'une des plus belles de France : Elle est accompagnée de tous les agrémens possibles, soit au dehors, soit au dedans, & on ne se repent point de l'avoir veuë. Outre le Chasteau, il y a encore la Ville du mesme nom, dont les Maisons sont toutes basties au niveau les unes des autres. En allant ou revenant, on peut aussi voir la Sainte Chapelle de Champigny, où est la Sepulture des Ducs de Montpensier Princes du Sang. On n'employeroit pas mesme mal son temps de passer jusques à Toüars, qui est une petite Ville du Poitou, proche de Richelieu, où on voit un Chasteau des plus élevez, qui ne cede gueres à ce premier, & qui appartient au Duc de la Trimoüille.

Beaucoup d'Etrangers choisissent Saumur pour leur demeure, & pour y faire leurs Exercices. L'air y est bon, les promenades agreables, & on y trouve assez de divertissement. D'icy on se met sur l'eau, jusques à la pointe où la Riviere de Sarthe entre dans la Loire, & puis on monte jusques à

ANGERS.

C'est la Ville Capitale du Païs d'Anjou,

dont Cesar fait une honorable mention, sous le nom d'*Andes*. Cette Province a eü ses Comtes particuliers, desquels la troisiéme Race des Roys de France assise aujourd'huy sur le Trône, a pris son origine; de mesme que les Roys d'Angleterre qui commandent aujourd'huy dans cette Isle. L'origine des Roys de France se prend de Robert dit le Fort ou le Grand, Marquis de France, qui fut le premier Comte d'Anjou, sous le Regne de Charles le Chauve, & Pere du Roy Eude de la deuxiéme Race. Eude eut Robert Pere de Hugues le Grand, Comte de Paris & d'Anjou, qui eut pour Fils Hugues Capet, qui est le premier Roy de la troisiéme Race.

Quant à la Race des Roys d'Angleterre, Foulques III. Roy de Jerusalem & Comte d'Anjou, fut Pere de Geoffroy IV. du nom, qui épousa Mahaut ou Mathilde, Fille de Henry I. dit Beau-Clerc, Roy d'Angleterre & Duc de Normandie; d'où vint Henry II. qui fut Roy d'Angleterre, Duc de Normandie & de Guyenne, Comte d'Anjou, de Touraine & du Maine; duquel, & d'Eleonor Duchesse de Guyenne, repudiée par Louis le Jeune Roy de France, sont issus plusieurs Roys & Princes de la Grand'Bretagne, qui ont possedé cette Province jusques à Jean surnommé Sans-Terre, lequel pour avoir massacré par trahison Arthus son Neveu, Duc de Bretagne, Comte du Maine & d'Anjou, en fut dépoüillé par Philippes Auguste, de mesme que des autres Terres qu'il tenoit à foy & hommage de la Couronne de France.

Quelques années apres, le Roy S. Louis donna les Comtez d'Anjou & du Maine à Charles son Frere, qui fut depuis Roy de Sicile & de Naples, Comte de Provence, & creé Senateur de Rome par le Pape Urbain l'an 1264. Ce Comté ayant esté reüny à la Couronne sous Philippes de Valois, par la mort de Louis son Frere, qui en estoit appanagé, le Roy Jean Fils dudit Philippes de Valois l'érigea en Pairie & Comté-Duché en faveur de Louis son deuxiéme Fils l'an 1300. Il est temps d'entrer dans la Ville.

Angers est situé sur la Riviere de Sarthe, qui le divise en deux parties. Ses murailles sont fortes & bonnes, entourées de fossez qui sont presque tous à fond de cuve. On tient que son Eglise Cathedrale consacrée à S. Maurice, a esté bastie par Charlemagne, qui fut le 23. Comte d'Anjou. Les Roys de France portent le nom de premiers Chanoines de S. Maurice, dont le Bastiment est fort superbe & fort magnifique, auquel trois hautes Tours servent d'ornement, dont celle du milieu semble suspenduë en l'air. Dans l'Eglise il y a plusieurs Epitaphes dignes d'estre considerées, comme celles de l'Evesque Jean Olivier, & de René Duc d'Anjou & Roy de Sicile, qui descendoit en droite ligne de Louis Fils du Roy Iean.

Louis II. Duc d'Anjou, Fils de Louis I. qui eut pour Pere le Roy Iean, y érigea une Université de Droit l'an 1348. Henry aussi Duc d'Anjou, Frere de Charles IX. y adjousta la Faculté de Medecine. Elle a produit plusieurs grands Personnages en divers temps, comme Poget Chancelier de France, Lazare le Baïf, François Baldoüin, Eghinard Baron, Iean Bodin, & autres.

Le Chasteau est l'une des meilleures Places de France: Il est entouré de Fossez tres profonds dans le Roc, defendus de 18. Tours coupées dans le mesme Roc. Quelques-uns en attribuënt la fondation à Bertrade Femme de Foulques Rechin Comte d'Anjou, sous le regne du Roy Philippes I. On y voit quantité d'Inscriptions, que l'on peut copier, selon la fantaisie.

Pres d'Angers il y a une Maison de plaisance, appellée Reculée, bastie par René Duc d'Anjou, où l'on se va divertir. Et à l'endroit que l'on appelle Grohan, on voit les ruines d'un Amphiteatre que les Romains y firent bastir; ce qui se remarque par quelques Medailles que l'on y a trouvées, portans les noms & effigies de quelques Empereurs.

Il y a des Autheurs qui asseurent que Iules Cesar estant és Gaules, fit bastir à une lieuë d'Angers les Ponts de Cée, & pour cela ils les ont appellez *Pontes Cæsaris*.

Lucain décrivant l'assiette de la Ville d'Angers, qui joüit du titre d'Evesché, parle en ces termes.

In ripis Meduanatuis, marcere perusus
Andus, jam placida Ligeri recreatur ab unda.

C'est encore une Ville que les Etrangers frequentent beaucoup, pour y faire leurs Exercices. On y vit assez à bon marché; & ceux qui aiment les Vins blancs, se peuvent aisément satisfaire. D'icy on se laisse porter par eau jusques à

NANTES.

C'estoit autrefois la Ville capitale & la demeure des anciens Comtes de Bretagne, qui fut premierement gouvernée par ses Roys, & en suite par ses Ducs particuliers. Il y en a qui tiennent qu'elle fut érigée en Duché par Henry II. Roy d'Angleterre: D'autres disent que ce fut par Philippes le Bel l'an 1297. Enfin elle a esté possedée par ses Ducs jusques en l'an 1488. que deceda François dernier Duc, Pere d'Anne de Bretagne

Bretagne, laquelle ayant épousé en premieres nopces Charles VIII. & puis Louis XII. la Duché fut annexée à la Couronne de France, par le Mariage de Madame Claude sa Fille aisnée avec François I.

On appelloit les Peuples de ce Pays *Armoriques*, & Cesar dit que ceux de Nantes se liguerent avec ceux de Vannes contre les Romains, comme l'une des plus anciennes & des plus puissantes Villes de la Contrée. La Ville est scituée sur la Riviere de Loire; elle est d'une grandeur assez considerable, fort populeuse & fort marchande à cause de son Port. Les Fauxbourgs y sont fort beaux & fort grands. Son Chasteau merite que les Etrangers le considerent, & son Eglise Cathedrale n'est pas indigne de leur curiosité. D'icy je leur conseillerois de passer à

RENNES.

C'est à present la Capitale de toute la Bretagne, scize sur la Riviere de Vilaine. Depuis que la Province fut érigée en Duché, ses Ducs y faisoient leur séjour ordinaire, & y recevoient l'investiture de cette qualité. Cesar en fait une fort honnorable mention, sous le nom de *Rhedones*. Il y a un fort celebre Parlement pour la distribution de la Iustice dans toute la Province. La Ville est assez grande, & le lieu où s'assemble le Parlement est un Bastiment fort magnifique. Son Eglise Cathedrale n'est pas encore dans sa derniere perfection, & il y a apparence que quand elle sera achevée, ce sera un des plus beaux Edifices de toute la Province.

Ceux qui finissent icy le petit tour, prennent le Messager pour s'en aller à Paris; mais ceux qui l'étendent jusques à Bordeaux, s'en retournent à Nantes, où ils prennent le Messager pour aller à

LA ROCHELLE.

C'est une Ville maritime Capitale du Pays d'Aulnix, qui fait une partie du Bas Poitou. Avant que ses fortifications fussent ruinées par Louis XIII. qui s'en rendit maistre par le moyen d'une Digue qu'il fit élever dans le Canal, c'estoit une des plus fortes Villes du Royaume : Elle resista à Charles IX. qui y avoit mis le Siege devant avec une Armée de pres de cent mille combattans ; mais le Ciel en reservoit la Reduction à Louis XIII. par l'entremise & par le ministere du Cardinal Duc de Richelieu, qui rendit vains tous les efforts que les Anglois firent pour sa liberté & pour sa conservation.

La Ville est toûjours dans son ancienne étenduë, mais il n'y reste plus aucuns vestiges de ses anciennes fortifications. Son Eglise Cathedrale a esté faite du Temple des Huguenots, où ils faisoient l'exercice de leur Religion. Il n'y a que quelques années que le Siege Episcopal qui estoit à Maillezez, Ville du Bas Poitou, y a esté transferé pour des raisons que l'on peut aisément s'imaginer.

Les Isles de Rhé & d'Oleron qui sont au voisinage meritent d'estre visitées, & en suite on se met en Batteau pour aller sur un Canal jusques à deux lieuës de Royan sur la Riviere de Gironne, où on prend la commodité de la Marée ou du Flux de la Mer, pour se laisser porter à

BOVRDEAVX.

C'est la Metropolitaine de toute la Guyenne ou Aquitaine, qui fut long-temps possedée par les Visigots, jusqu'à ce que Clovis I. la prit sur eux & la réunit à la Couronne. Charlemagne en ayant chassé les Sarrazins qui s'en estoient emparez, y établit des Comtes & des Gouverneurs par tout. Louis le Debonnaire son Fils la retira d'entre les mains d'Eude, & Charles le Chauve la donna à Ranulphe son proche

Parent en titre de Duché, auquel Hugues Capet premier Roy de la troisiéme Race, adjousta celuy de Pairie. Apres la mort de Guillaume dernier Duc d'Aquitaine, cette Province tomba entre les mains des Anglois, par le Mariage d'Eleonore sa Fille, avec Henry I. Roy d'Angleterre, que Louis le jeune Roy de France avoit repudiée. Philippes Auguste la réunit à la Couronne de France par la félonie de Iean Roy d'Angleterre : Ensuite Philippes le Bel mariant sa Sœur à Edoüard Roy d'Angleterre, luy donna en dot la Guyenne, laquelle fut depuis réunie à la Couronne jusqu'au Regne de Philippes de Valois, que Henry Duc de Lancastre la reconquit sur les François; mais Charles VII. ayant chassé tous les Anglois se rendit Maistre de cette Province, qui a toûjours depuis demeuré sous l'obeïssance des François.

Bordeaux est une grande Ville scituée sur les bords de la Garonne. Pline & Ptolomée appellent ceux de Bourdeaux, *Bituriges vivisci*, à la différence de ceux de Bourges, que Cesar nomme *Bituriges Cubi*. Ausone, natif de cette Ville, l'appelle *vivisque*, & en parle en ces termes.

Hæc ego vivisca ducens ab origine gentem.
Sans nous amuser à l'étymologie du nom *Burdegala* que l'on luy donne aujourd'uy,

entrons dans son Eglise Archiepiscopale dediée à S. André, qui dispute la Primatie à celle de Bourges; Regardons sa Nef sans Pilliers, qui est un des beaux vaisseaux de France, & son Orgue une des plus magnifiques. Dans le Chœur vous y verrez une Horloge fort artistement travaillée, dont un Mouton de fonte sonne les heures, en choquant de son front le timbre: A costé de l'Eglise est le Palais Archiepiscopal fort magnifique & bien basty.

L'Université a esté l'une des plus florissante de toute la France. Ausone fait mention de plusieurs grands Personnages qui y ont fleury: comme Tiberius Victor; Minerius que le mesme Ausone compare à Quintilien pour son éloquence, & dont S. Hierosme dit en ses Chroniques qu'il florissoit à Rome l'an de grace 359. Alcius, Belphidius dont Amian Marcelin au commencement du 18. livre de son Histoire fait une honnorable mention.

Le Parlement s'assemble dans le Chasteau de l'Umbriere, qui estoit la Maison des Ducs de Guyenne. Tout proche est la Bource où les Marchands s'assemblent, qui est un magnifique Bastiment, & à costé on voit la Maison où on bat la Monnoye.

L'Hostel de Ville est un des beaux ornemens de Bourdeaux, où il y a beaucoup de belles choses à considerer, des Statuës, des Inscriptions, le Cachet de Neron, le Cabinet d'un Peintre du Païs-Bas, & autres fort rares & fort curieuses: Ioignant l'Hostel de Ville, on trouve l'Arcenal fort bien muny de toutes sortes de Pieces d'Artillerie.

Le Chasteau Trompette, qui est la Maison du Gouverneur de la Province, fut basty par Charles VII. apres avoir chassé les Anglois de France: Il est situé sur la Garonne & sert de defense à la Ville.

Proche de là on trouve le Palais, où les Piliers Tutelle, qui est une fort belle antiquité: C'est un Bastiment de pierre de taille de figure quarrée, vouté de façon plate à l'antique, qui avoit autrefois huit gros Piliers canelez en longueur de chaque costé, & six en largeur. Le sentiment commun est que c'estoit un Temple basty par les Romains, & consacré aux Dieux Tutelaires.

Il y a encore le Chasteau du Ha, basty par le mesme Charles VII. pour la defense de la Ville du costé de Graves.

Puy-Paulin est encore un Chasteau situé dans la Ville. C'estoit la demeure des ancestres de Pontius-Paulinus Evesque de Nole dans le Royaume de Naples, qui estoit natif de Bordeaux. Aujourd'huy il est possedé par les heritiers de la Maison d'Espernon qui l'avoit acquis. Il y a une infinité d'autres Maisons fort belles & fort magnifiques qui rendent la Ville l'une des plus belles de France.

Le Port que l'on appelle le Port de la Lune, à cause qu'il est fait en Croissant, est l'un des plus commodes & des plus seurs de l'Europe: Ordinairement il y a grande quantité de Vaisseaux qui y vont de toutes parts, pour enlever les bons Vins de ce Pays-là.

Dans l'un de ses Fauxbourgs est l'Eglise Collegiale de S. Seurin ou Severin, où on peut voir la Verge de S. Martial, qu'on dit faire de grands Miracles. Dans son Cimetiere il y a une prodigieuse quantité d'anciens Tombeaux, & on tient que la plus-part des Chevaliers de Charlemagne, qui perirent par la trahison de Ganelon, y sont ensevelis. Parmy ces Tombeaux, il y en a un élevé sur quatre petits pilliers qui se remplit d'eau au Croissant de la Lune, jusqu'à son plein, & en suite qui se desemplit en décours; mais il y en reste toûjours en assez grande quantité: Ie laisse à philosopher les Sçavans sur ce sujet.

Le Palais Galienne à quatre cens pas de la Ville ou environ, estoit autrefois un Amphitheatre que les Romains y éleverent. Il estoit composé de six murailles qui vous toûjours en abaisant, vers le dedans: Sa figure est en ovale, & on tient que cet Edifice fut basty sous le Regne de Galien, dont il tire son nom.

Proche Bordeaux, allant vers le Pays de Graves, on trouve la Maison des Chartreux, l'une des plus magnifiques de France. Ioignant la Chartreuse on voit le Palais du Cardinal de Sourdis Archevesque de cette Ville, accompagné d'un fort beau Iardin, pratiqué sur le modele de celuy des Thilleries à Paris, que l'on appelle vulgairement les Allées de Monsieur le Cardinal; cet ouvrage est l'un des plus beaux du Pays; Sa structure est magnifique, les Fontaines & les jets d'eau admirables, les Peintures des plus rares & des plus curieuses. Il y a une infinité d'Inscriptions fort spirituelles qui expliquent l'Histoire representée dans les Portraits. Dans la Chapelle on y voit un Tableau fait par S. Luc Evangeliste, qui est une piece fort rare.

Voila à peu pres ce qu'il y a à considerer dans Bordeaux, où on borne les limites les plus étenduës du petit Tour. D'icy on s'en retourne ordinairement à Paris; & parce qu'en chemin faisant il y a quelques Villes à considerer, l'ordre veut que nous en parlions auparavant que de faire la description du grand Tour.

De

De Bordeaux, on va sur la Riviere à Blaye, dont la Citadelle merite d'estre considerée. D'icy on passe à

XAINTES.

C'est la Ville Capitale de Xaintonge, dont les Peuples, selon le témoignage de Cesar, furent cottisez dans la commune Ligue contre les Romains, à douze mille hommes. Cette Province avoit ses Comtes particuliers, de mesme que la pluspart des autres de France, dont les Gouverneurs s'estoient rendus les maistres, & en disposoient comme de leur patrimoine ; mais enfin elle fut réünie à la Couronne, & Philippes de Valois la donna en appanage à Charles son frere.

Cette Ville est bastie sur la Riviere de Charente, où il y a un fort beau Pont qui la traverse : Elle est d'une grandeur assez considerable & bien peuplée : Ptolomée, Pline, & Strabon l'appellent *Mediolanum Sanctonum*. Ammian Marcelin qui écrivoit du temps de Iulien l'Apostat Gouverneur des Gaules, la met entre les premieres & les plus anciennes Villes de la Guyenne.

Son Eglise Cathedrale est l'une des plus magnifiques, à laquelle Pepin Roy de France, joignit un des beaux Clochers de

L

toute la Guyenne, qui luy sert d'un grand ornement. Il y a encore de fort beaux restes de la magnificence des Romains, comme les ruines d'un Amphitheatre hors la Ville, & quelques Aqueducs & Canaux que l'on rencontre sur le chemin de S. Iean d'Angely ; ce qu'il y a encore de plus considerable, est un Arc fort ancien sur le Pont de Charente, vis-à-vis les murailles de la Ville, où on voit quelques Inscriptions des Romains, que l'injure du temps a en partie gastées.

Mors etiam saxis nominibusque venit.
D'icy suivant le cours de la Riviere de Charente, on peut monter jusques à

ANGOVLESME.

C'est la Ville Capitale de l'Angoulmois, où se donna cette Bataille si celebre par Clovis I. à Alaric Roy des Visigoths qu'il tua de sa propre main. Ce Pays a eu long-temps ses Comtes hereditaires, & a changé souvent de Maistre, comme on peut remarquer dans l'Histoire de France. François I. à qui ce Comté appartenoit, apres estre parvenu à la Couronne, l'érigea en Duché, qu'il donna en appanage à Charles son troisiéme Fils, lequel estant mort sans enfans, le Duché fut réüny à la Couronne.

La Ville est située sur le sommet d'une Montagne, entre les Rivieres d'Angeine & de Charante. Il n'y a qu'une avenuë à laquelle le Chasteau ceint d'un double fossé sert de fortification.

On tient que son Eglise Cathedrale est bastie dés la Primitive Eglise, & c'est l'une des plus magnifiques de toute la Guyenne, dont le Clocher est une haute Tour avec une Eguille des plus exhaussées qui se voyent. Le grand Clovis fit embellir cette Eglise d'une magnifique architecture.

Hors la Ville, il y a l'Abbaye de S. Cibard, ornée d'un beau Pont sur la Charente qui arrose ses murailles; c'estoit le lieu où ce Saint Solitaire se retiroit, que le Roy Aribert honora du titre d'Abbaye. Charlemagne l'embellit de ses liberalitez, & les Comtes d'Angoulesme y établirent leur Sepulture. Les Sources de la Riviere de Touvre meritent d'estre veuës, & il y a des choses assez remarquables à considerer. On disoit autrefois que cette Riviere estoit tapissée de Cygnes, pavée de Truites, & bordée d'Ecrevisse. D'icy il faut passer à

PERIGVEVX.

C'est la Ville Capitale du Comté de Perigord, dont les Peuples sont appellez par

Cesar *Petrocorij*, qui furent cottisez dans la Ligue commune des Gaules contre les Romains à cinq mille hommes. Cette Province a eu long-temps ses Comtes particuliers ; mais enfin elle a esté unie à la Couronne de France. Perigueux est situé en plate Campagne, mais environné de tous costez de coteaux & de colines couvertes de vignobles : Il est divisé en deux Villes distantes l'une de l'autre d'environ cent pas, dont l'ancienne, qui est la demeure de l'Evesque, est appellée la Cité, & l'autre la Ville. Les Romains l'appelloient *Vesune*, d'un Temple de la Déesse Vénus qui y estoit, & il y a encore aujourd'huy une Tour appellée *Visonne*.

L'Eglise Cathedrale dediée à S. Estienne, est remarquable par une voute à deux faces & par une pyramide élevée en façon de Clocher, sur une haute Tour quarrée.

L'on voit encore dans Perigueux de fort beaux restes de l'antiquité & de la magnificence des anciens Romains : Il y a une Tour de forme ronde, épaisse d'une toise & haute de plus de cent pieds, enduite par dedans d'un ciment fait de chaux & de tuile, garnie par tout au dehors de gros cloux & de crochets de fer, sans apparence d'aucune porte ny fenestre, ce qui fait douter de l'usage auquel elle estoit destinée par les Romains: On croit pourtant que c'eſtoit un Temple de Vénus, ce que l'on infere de deux chemins voutez & ſouterrains qui conduiſent au dedans. Aupres de cette Tour on voit encore les ruines d'un Amphitheatre fort magnifique, que l'on appelle communément les Roſphies, & en Latin *Caſtra Rolphij*, fait en ovale, & d'une architecture pareille. On trouve encore au dedans quelques reſtes & quelques marques des Cages où l'on enfermoit les Beſtes deſtinées au combat. Il y a encore à Perigueux les reſtes de pluſieurs Colomnes antiques, d'Architraves, de Chapiteaux, de Soubaſſemens, de Statuës rompuës, de Pierres gravées, & d'autres Antiquitez & Inſcriptions tant Gréques que Latines.

L'Hoſtel-Dieu joignant la Riviere de l'Iſle, ſur laquelle il y a un beau Pont qui communique aux Fauxbourgs, merite d'eſtre veu, pour paſſer enſuite à

LIMOGES.

C'eſt la Ville principale du Limoſin, dont les Peuples, ſelon Ceſar, furent cottiſez à dix mille hommes dans la Ligue contre les Romains. Cette Province eſt diviſée en deux Parties, dont la premiere qui eſt le haut Limoſin a le titre de Vicomté; & la seconde que l'on appelle la Marche, ou Bas Limosin, porte celuy de Comté.

La Ville que les Latins appellent *Lemovices*, de mesme que les Peuples de ce Pays, est située en partie sur la croupe d'une petite coline, & en partie dans un vallon, sur la Riviere de Vienne : Il y a au lieu où elle est plus élevée, une Fontaine dont les eaux se répandent dans toutes les ruës par douze beaux canaux, & font que la Ville est toûjours fort propre & fort nette.

L'Eglise Cathedrale merite d'estre veuë, de mesme que l'Abbaye de S. Martial, où se remarque le lieu auquel les anciens Idoles des Payens estoient adorez, dont on a basty aujourd'huy une Chapelle consacrée au vray Dieu. L'Horloge a quelque chose d'assez beau pour meriter la curiosité de ceux qui passent par ce Pays : Il y a encore dans la mesme Abbaye une Fontaine dont le bassin est fait d'un marbre noir fort ancien, & ses eaux sont considerables par leurs qualitez naturelles, pource qu'elles sont medecinales, & que les Couteliers s'en servent pour donner la trempe à leurs ouvrages, & la couleur bleuë aux manches de cuivre de leurs Couteaux, dont ils font grand commerce en Turquie.

Bien que la Ville soit fortifiée de bonnes murailles & entourée de profonds fossez, il y a encore pour sa defense deux Forts assez considerables, dont l'un porte le nom de S. Martial, & l'autre celuy de S. Martin. Iean Dorat Poëte illustre, & Marc-Antoine de Muret, estoient natifs de cette Ville, d'où il est temps de sortir pour aller ailleurs.

Ceux qui ne se soucient pas de voir la Ville de Poitiers, doivent poursuivre leur chemin droit à Bourges, Orleans & Paris, dont nous avons parlé ; mais je ne conseillerois pas à un Étranger, de negliger une Ville si considerable, veu mesme qu'apres y avoir esté, on peut prendre le chemin de Bourges ; autrement le droit chemin de Bordeaux à Paris, seroit de passer de Xainte à

POITIERS.

C'est la Ville Capitale du Poitou, dont les Habitans, que les Latins appellent *Pictones*, furent cottisez au rapport de Cesar à 8000. hommes dans la Ligue contre les Romains. Lucain en parle de la sorte.

Pictones immunes subigunt sua rura.

Ce Païs a esté en divers temps possedé par plusieurs differentes Nations ; car les Romains, les Goths, les Vandales, les Huns, & les Danois, les Saxons & les Normands, s'en rendirent successivement les maistres. Clovis I. en chassa les Visigoths qui occupoient toute la Guyenne. Depuis Charles le Chauve donna la Guyenne en titre de Duché, & le Poitou en titre de Comté à Arnoul son Parent, dont les Successeurs possederent ces deux belles Provinces jusques au temps d'Eleonor, Fille unique de Guillaume IV. qui fut mariée à Louis VII. dit le jeune, & en suite à Henry Roy d'Angleterre : Par ce moyen les Anglois en furent les maistres, jusques au temps de Iean son Fils, dit Sans-Terre, sur lequel Philippes Auguste les confisqua. Louis Hutin érigea le Poitou en Pairie, ayant esté déja érigé en Duché par S. Louis, lequel tomba encore sous la domination des Anglois, par le Mariage de la Fille dudit Louis Hutin. Ce Mariage donna lieu aux Anglois sous des pretentions imaginaires, d'aspirer à toute la France, & d'armer contre Philippes de Valois sous leur Roy Edoüard III. comme vous pouvez voir dans l'Histoire de ce Roy, dont le Roy Iean son Fils fut pris par les Anglois proche Poitiers ; mais Charles VII. les ayant chassez hors de France, ce Pays fut réuny à la Couronne.

Poitiers est la plus grande Ville du Royaume apres Paris ; il est vray qu'elle n'est pas bastie par tout, & que dans l'enceinte de la Ville, il y a des Prairies, des Vignes & des Terres que l'on laboure.

L'Eglise Cathedrale dediée à S. Pierre est un Bastiment des plus celebres & des plus exhaussés qui soient en France. Celle de S. Hilaire Patron de la Ville, dont les Roys de France sont premiers Chanoines, est encore considerable.

Charles VII. y fonda une Université apres avoir chassé les Anglois de France, qui fut confirmé par le Pape Eugene IV. dont Scaliger parle en des termes fort honnorables.

On voit encore à Poitiers les ruines d'un Palais que l'on dit avoir esté basty par l'Empereur Galien, dont la longueur & la largeur surpassent celle de tous les Edifices qui sont en France; C'estoit autrefois la demeure des Comtes de Poitiers, sur le portail duquel on voit la dépoüille d'un Crocodille, qui se tenant caché dans une Cave devora plusieurs Personnes & fut enfin tué d'un coup de fusil par un Homme condamné à la mort.

Proche ce Palais, on voit les Arenes, les Cavernes & les Fosses voutées où l'on gardoit les Lyons, les Ours, les Leopards & autres Bestes, pour le Combat contre les Gladiateurs, & pour le divertissement du Peuple; on y voit encore les Aqueducs qui conduisoient les eaux dans ce Palais.

A une demy lieuë de la Ville, sur le chemin de Bourges, il y a une grosse pierre quarrée de 25. pieds de longueur, & de 17. de largeur, soûtenuë de cinq autres pierres plus petites, dite vulgairement la Pierre levée, dont Rabelais parle facetieusement à son ordinaire dans son Histoire de Pantagruel & de Gargantua. On voit sur ladite pierre le Distique suivant.

Hinc lapis ingentem superat gravitate Colossum,
 Ponderis & grandi sidera mole petit.

On va de toutes parts à Poitiers querir des Viperes pour la confection de la Theriaque, que l'on transporte jusqu'à Venise, où se fait la meilleure. D'icy on poursuit son chemin à Paris, passant par Chastelerault, qui n'a rien de considerable, que la Manufacture des Cousteaux & des Cizeaux, par le Port de Pile, Amboise, Blois & Orleans, dont nous avons parlé.

Ceux qui n'auront point veu Chartres, peuvent y aller de Blois, passant par Chasteaudun; & comme nous en avons déja fait la description, nous passerons à celle du grand Tour, qui fera la closture de cet Ouvrage.

DE FRANCE.

Description du grand Tour.

NOus avons étendu les plus grandes limites du petit Tour jusques à Bordeaux, par où nous commencerons à décrire le grand Tour.

On monte donc de Bordeaux sur la Riviere de Garonne, & on passe par Cadillac, où il y a une des belles Maisons de France, dont la magnificence ne cede en rien à Richelieu : En suite par Langon, S. Machaire, la Reolle, Marmande, Tonnains, Aiguillon Duché, Port Sainte Marie, &

AGEN.

C'est la Ville principale du Comté d'Agenois, qui fait une partie de la Guyenne : Elle est d'une grandeur considerable, située dans une vaste Plaine, proche de la Riviere de Garonne. Les Gouverneurs de la Province y font ordinairement leur séjour ; car elle est comme au milieu, & la demeure en est commode & agreable. Il y a de fort belles Places publiques & des Maisons bien basties.

L'Eglise Cathedrale dediée à S. Estienne est assez magnifique, à laquelle une grosse

Tour fort exhauffée fert de Clocher: Il y en a encore une deuxiéme où il y a un Chapitre de Chanoines, dont la ſtructure eſt fort belle.

Proche la Ville il y reſte encore quelques pilliers qui marquent qu'autrefois il y avoit un Pont, & que la Riviere lavoit de ſes eaux les bords de ſes murailles. D'icy on peut paſſer à

CAHORS.

C'eſt la Capitale Ville du Quercy, dont Ceſar appelle les Peuples *Cadurci*, d'où eſt venu celuy de Cahors, & en ſuite celuy de Quercy. Ce meſme Autheur dit qu'ils furent cottiſez à 12000 hommes, & les Roys de France de la troiſiéme Race, ont fait de ce Pays une des principales pieces de la Comté de Touloufe.

La Ville eſt ſituée ſur le ſommet d'une colline, limitée d'un coſté d'un profond valon, & de l'autre de la Riviere du Lot qui arroſe ſes murailles.

L'Egliſe Cathedrale dediée à S. Eſtienne eſt aſſez magnifique; & les Eveſques qui portent le titre de Comtes, lorsqu'ils diſent ſolemnellement la Meſſe, ont la prérogative d'avoir l'Epée, les Gantelets, & la Bourguignote ſur l'Autel, avec les Bottines aux jambes.

Il y a une Université que l'on croit avoir esté fondée par le Pape Iean XXII. natif de cette Ville, que nous quitterons pour aller à

MONTAVBAN.

C'eſt une Ville du Quercy, dont l'aſſiette eſt des plus avantageuſe ; car elle eſt située ſur la croupe d'une Montagne qui forme une belle Plaine, au pied de laquelle la Riviere de Tarn paſſe : De l'autre coſté il y a encore un beau Fauxbourg appellé Ville-Bourbon, ſitué auſſi dans une grande Plaine, mais beaucoup plus baſſe que la premiere. La Riviere qui les ſepare les joint par un Pont qu'il y a. Auparavant que ſes fortifications fuſſent démolies, c'eſtoit l'une des plus fortes Places de France, dont ceux de la Religion s'emparerent. Cette Ville eſt remarquable pour avoir eſté le Tombeau de trois grands Capitaines, ſçavoir de Ponton & de la Hire ſous Charles VII. & de Henry de Lorraine, Duc de Mayenne, ſous Louis XIII. On a fait depuis quelques années l'Egliſe Cathedrale du Temple qui appartenoit aux Huguenots, qui eſt fort magnifique. Ceux qui ne veulent pas paſſer à Cahors vont tout droit d'Agen à Montauban ; & on peut ſans paſſer par cette Ville, aller d'Agen toûjours ſur le bord de la Riviere à Castel-Sarrasius, qui est une petite Ville fort ancienne, & qu'on croit avoir esté bastie par les Sarrasins, qui n'est qu'à deux lieuës de Montauban, & ensuite à

THOVLOVSE.

C'est la Ville Capitale du Languedoc, dont les Romains faisoient une partie de la Gaule Narbonnoise, qu'ils appelloient par excellence la seconde Italie. Les Visisigots en ayant chassé les Romains, firent leur Ville Capitale Toulouse, jusqu'au Regne du grand Clovis qui se soûmit cette belle Province.

Aimonius dit que Charlemagne y établit des Gouverneurs, qui furent appellez Comtes de Toulouse; & Hugues Capet à son avenement à la Couronne, choisit ces Comtes pour tenir rang entre les six Pairs de France Laïcs, lesquels possederent ce grand Domaine jusqu'au Regne de S. Louis; car Alphonse son Frere ayant épousé Ieanne, Fille unique de Raymond dernier Comte, eux estant decedez sans Enfans, le Comté fut uny à la Couronne.

La Ville est située sur la Riviere de Garonne, dont on appelloit les Peuples *Tectolages*. Son Eglise Archiepiscopale, dediée à S. Estienne est fort magnifique: Vous y verrez quantité d'Epitaphes que vous pouvez recüeillir si vous voulez. Dans la Tour qui sert de Clocher, il y a une des plus grandes Cloches qui soient en France, dont le diametre est de douze pieds & le tour de trente-six; on l'appelle vulgairement Cardaillat. Celle de S. Saturnin, Collegiale, est d'une structure admirable, composée de cinq voutes, soûtenuë de soixante gros Pilliers, disposez de sorte qu'il n'y a point d'endroit où l'on se puisse mettre à couvert des coups de Mousquet, ou de Fleches, ou de Pierre que l'on tire d'enhaut : Elle sert de Citadelle à la Ville, sur le haut de laquelle il y a quantité de pieces de Canon. Cette Eglise est venerable par le nombre de ses Reliques, & on tient qu'il y a jusques à huit Corps Saints; On dit de plus que la Sainteté de ce lieu est si grande, que la terre ne sçauroit souffrir que les Corps des Personnes qui meurent dans la grace de Dieu, & qu'elle rejette hors de leur Fosse ceux qui meurent en mauvais estat; aussi y voit-on en vieux caracteres cette Inscription.

Omnia si lustres aliena climata terræ.
Non est in toto sanctior orbe locus.

On tient que la Daurade, qui est un Prieuré dedié à la Sainte Vierge, est basty au lieu d'un ancien Temple de Iupiter Ammon, que les Habitans adoroient sous la forme d'un Bellier. Il y a une Cave dans l'Eglise des Cordeliers, qui a cette proprieté que les Corps que l'on y met ne se consomment point ; en effet j'y en ay veu quantité qui sont encore en leur entier, quoy qu'enseuelis depuis plusieurs années. Celle des Jacobins est honorée du Corps de S. Thomas d'Aquin ; & on voit dans celle des Augustins la Sepulture des Comtes & des Princes de Guyenne.

L'Université de Thoulouse est l'une des plus celebres de France, dont on tient que Raymond son dernier Comte a jetté les premiers fondemens.

On compte vulgairement quatre Merveilles dans Thoulouse ; sçavoir l'Eglise de S. Saturnin, la Belle-Paule, ensevelie dans la Cave des Cordeliers, Matoulin Joüeur d'Instrumens, & le Basacle, qui est un Moulin sur la Garonne, composé de quinze Meules à moudre du Bled, l'une à suite de l'autre, sous un mesme couvert.

Le Pont qui est sur la Riviere, est en partie basty de pierre, & en partie de bois, assemblé par une grosse chaisne de fer ; il est tout couvert par en haut, & ne sert de passage qu'aux Gens de pied.

Le Parlement qui est l'un des plus celebre de France, fondé par Charles VII. tient au lieu où estoit autrefois le Capitole,

dont

dont ceux de Thoulouse avoient droit.

L'Hostel de Ville que ceux de Thoulouse appellent le Capitole, de mesme que les Eschevins, Capitouls, merite d'estre veu; Il y a plusieurs Statuës & Inscriptions fort curieuses.

L'Arsenal n'est pas indigne de la curiosité des Etrangers, qui se pourront divertir par la lecture de quantité d'Inscriptions qu'ils y trouveront, & par la veuë de beaucoup de choses assez rares & assez curieuses. Apres avoir veu cette belle Ville, il faut prendre son chemin passant par Castelnaudary & Carcassonne, où on fait de beaux Draps, qui sont deux Villes assez jolies, droit à

NARBONNE.

C'estoit la principale Ville de cette partie des Gaules que les Romains appelloient *Narbonnoise* ou *Bracquate*, & son Archevesché est beaucoup plus ancien que celuy de Toulouse.

La Ville est située sur l'embouchure de la Riviere d'Aude, qui jette ses eaux dans la Mer Mediterranée. Ces Peuples s'appelloient *Attacini*, de cette mesme Riviere que les Latins appellent *Atax*, & Merule appelle Narbonne, *Civitas Atacinorum*. Ciceron dans l'Oraison pour Fontejus, en parle de la sorte. *Est in ea Provincia Narbo Martius, Colonia nostrorum Civium, specula Populi Romani, ac propugnaculum istis ipsis Nationibus oppositum & objectum.* Il l'appelle *Narbo Martius*, de ce que Q. Martius y mena la premiere Peuplade & Colonie Romaine, avec M. Portius Caton, environ l'an 636. de la fondation de Rome. Les Romains ont toûjours fait grand estat de cette Ville, & l'ont traitée fort favorablement ; car les Proconsuls qui y firent leur demeure, l'honnorerent d'un Capitole, d'un Amphitheatre, d'Escoles Municipales, de Bains, d'Aqueducs & d'autres marques de la majesté Romaine.

Son Eglise Archiepiscopale est fort magnifique, & son Orgue est l'une des plus belles de France : Vous y pouvez remarquer quantité de Tombeaux de Cardinaux, d'Archevesques & d'Evesques, de mesme que celuy de Philippes le Hardy, qui mourut d'une fiévre chaude à Perpignan : Il est élevé au milieu du Chœur avec sa Statuë de marbre noir ; On monte par quatre cens marches à son Clocher, d'où l'on découvre bien avant les Plaines délicieuses qui sont aux environs de la Ville.

Sur le Port on voit comme un Autel, ou plûtost comme une Statuë, qui est un reste de l'antiquité, de mesme que ce grand marbre qui est dans le Palais Archiepiscopal.

On tient que l'Arcenal dans lequel il y a plus de cent pieces de Canon, estoit l'ancien Capitole que les Romains y firent bastir, pour gratifier ceux de Narbonne, & l'on voit dans la Maison de la Croix blanche quelques ruines & quelques mazures de l'Amphitheatre que les Romains y éleverent pour le divertissement du Peuple.

Cette Place est l'une des plus fortes de France; elle est environnée de tous costez de marais qui en rendent les approches difficiles, & ses fossez fort profonds & remplis d'eau, sont defendus par des murailles fort épaisses, & par quantité de beaux bastions.

D'icy on peut faire un petit tour, & voir quelques Villes du Bas Languedoc; comme Beziers, Evesché; Pezenas, la demeure ordinaire des Gouverneurs de la Province & où les Estats s'assemblent; Agde, Evesché; Frontignan, où sont les bons Vins Muscats, & en suite passer à

MONTPELLIER.

Qui est l'une des plus agreables Villes du Languedoc: Il y a un Evesché & une Université, dont les Écoles de Medecine florissent par tout le Royaume. Ceux qui affectent la simplicité trouveront icy dequoy se satisfaire; car il y a plusieurs beaux Jardins remplis de Simples fort curieux pour l'usage de la Medecine.

Il y a une belle Citadelle que Louis XIII. osta à ceux de la Religion qui s'estoient emparez de cette Ville. Le Peuple y est doux & humain, principalement les Filles qui sont des plus belles de France, à qui il est bien difficile de ne donner pas son cœur. Sortons-en crainte de l'y laisser, & allons voir les antiquitez de

NISMES.

On trouve dans cette Ville plusieurs belles antiquitez des Romains, qui firent construire des Amphitheatres, des Fontaines, des Aqueducs, des Sepulchres, & autres Bastimens : Ceux du Pays estoient dans une telle consideration aux Romains, qu'ils joüissoient des droicts & Privileges de ceux de Rome ; car ils ne répondoient point devant les Prefects & Gouverneurs qui y estoient envoyez de cette Ville.

On y voit les restes de ces antiquitez, avec le Cap-Dueil, que l'on dit avoir esté un Temple que l'Empereur Adrian fit bastir, qui est un Edifice fait en forme quarrée. Il y a encore quelques vieilles Statuës, qui marquent l'eſtime que le Peuple Romain faiſoit de cette Ville, que nous quitterons pour aller à

AVIGNON.

C'eſt la Ville Capitale du Comté de Veniſſy, enclavé dans la Provence, qui appartient au Pape. Ce Comté eſt tombé entre les mains du Pontife Romain, par la vente qu'en fit Ieanne Reyne de Sicile & de Naples, & Comteſſe de Provence; car cette Princeſſe Fille de Robert Roy de Sicile, ayant fait étrangler André ſon Mary, ſe retira à Avignon, où elle épouſa Louis, Prince de Tarente, & traitta avec le Pape du Comté de Veniſſy, à condition d'une penſion annuelle, & qu'il la ſecoureroit dans le recouvrement de ſes Eſtats, dans leſquels elle fut rétablie. Ce meſme Pape Clement V. natif de Bazas en Gaſcogne, de la Maiſon des Vicomtes de Tartas, y tranſporta le Siege, à la perſuaſion de Philippes le Bel, lequel y demeura ſoixante-deux ans, ſous les Papes Iean XXII. de Cahors, Benoiſt XII. de Toulouſe, Clement VI. Innocent VI. Urbain V. & Gregoire XI. qui le tranſporta derechef à Rome: Ces quatre derniers Papes eſtoient Limoſins, & vous pouvez voir en divers Autheurs le ſujet de ce changement, qui ne fait rien à nostre dessein.

La Ville est située sur le Rhosne, laquelle on tient avoir esté bastie par le fort d'un certain nombre d'Esperviers, de mesme que Rome sur un certain nombre de Veautours. Ceux qui y apportent de ces Oyseaux sont francs & quites des peages & autres impositions.

L'Eglise Archiepiscopale dediée à la Vierge n'est pas des plus grandes, mais elle est fort belle & superbe : Le dedans est admirable, la structure ravit les yeux de ceux qui la considerent; la lueur de l'or & de l'argent dont le Maistre Autel est embelly, éblouit la veuë de ceux qui le regardent. On y voit onze grosses Lampes d'argent & deux grands Chandeliers de mesme metal qui servent d'un grand ornement : Aux deux costez il y a deux Chappelles où on voit plusieurs Tombeaux de Papes & de Cardinaux qui y sont ensevelis : Il y a encore dans cette Eglise la Chapelle de Sainte Marthe, qu'on dit avoir esté le lieu de sa demeure. Le Palais Archiepiscopal a tout ce que l'Art & la Nature peuvent fournir de rare & de curieux.

Dans l'Eglise de S. Martial on voit les Tombeaux de S. Casimir Roy de Pologne, de S. Martial, de la Magdelaine, & d'autres personnes illustres. Il y a dans celle des Cordeliers, celuy de Laure la Maistresse de Petrarque, Poëte excellent qui fut Chanoine de Nostre-Dame d'Avignon, dont l'Epitaphe finit par ces paroles.

Sola manet virtus; cætera mortis erunt.

Aux Celestins on remarque un Autel fait d'un beau Marbre, sur lequel la Passion de Nostre-Seigneur est representée : Il y a de plus une Chapelle peinte des mains propres de René Roy de Sicile, où on voit une toille d'Araignée qui couvre un Cercueil, faite avec tant d'artifice, qu'il n'y a point d'yeux qui n'y soient trompez. Dans cette mesme Eglise il y a une Chapelle où est le Tombeau de Clement VII. & fort magnifique : Le Camerier de ce Pape y a aussi le sien dans une autre, fait de marbre. Il y a une troisiéme Chapelle dans laquelle les Papes avoient accoustumé de dire la Messe, dont on conserve encore les ornemens dans une Cave soûterraine, où il y a une Fontaine d'eau vive, & où on voit ce Distique, en memoire de Louis de Valois.

Ille ego qui gnatus, patruus sum, Frater,
Aluusque
Regum, non habui regia septra tamen.

Si vous prenez la peine d'aller aux Minimes, vous y verrez plusieurs Chapeaux de Cardinaux, avec le Tombeau d'un des Archevesques d'Avignon, sur lequel est son Epitaphe.

L'Université est fort celebre, en laquelle plusieurs grands Jurisconsultes ont autrefois professé le Droict Civil. Il y a trois Professeurs en Theologie, quatre de Droict, & trois en Medecine.

L'ancien Palais qui servoit de demeure aux Papes, est gardé par les Suisses. D'abord on trouve une grande Salle ornée de plusieurs Inscriptions en memoire des Papes qui y ont séjourné: en suite on entre dans celle où les Papes donnoient des Audiances publiques, proche de laquelle il y a une Tour, où est une Cloche d'argent, que l'on ne sonne jamais que quand on a les nouvelles de la mort ou de l'élection d'un Pape.

La Chapelle des Papes a cela de remarquable, que tous les Sieges sont de Cyprés fort artistement élabourez.

On peut encore voir l'Arcenal, la Rote, qui est la Cour de Justice, exercée au nom du Pape, & la Cour de la Monnoye, que l'on y fabrique au nom de ce Pontife.

Il y a dans Avignon un endroit que l'on appelle la Place Pie, où l'on trouve quatorze Colomnes rondes & huit qui sont quarrées, qu'on dit estre la Maison d'un certain Gentilhomme qui fut bruslé, & sa
Maison

abbatuë, pour avoir voulu trahir la Ville.

Le Pont est d'une admirable structure, soûtenu de vingt-trois arches, dont les deux premieres, avec la Chapelle qui est bastie sur la troisiéme, sont de la Jurisdiction du Pape, le reste appartient au Roy de France.

Il y a une chose remarquable à Avignon, qui semble luy estre singuliere; c'est qu'il y a sept Portes, sept Palais, sept Paroisses, sept Eglises Collegiales, sept Hospitaux, sept Convents de Religieux, & sept de Religieuses. Laissons les prier Dieu, pour aller voir ce que font ceux de la Religion à

ORENGE.

Si on veut passer à Oernge, qui est une Principauté Souveraine, possedée par les Comtes de Nassau, on ne s'en repentira pas: Elle est tombée dans cette Maison de cette maniere. Un nommé Bertrand Bouscon s'en estant emparé, ses descendans, Guillaume I Raymond I. Raymond II. lequel estant mort sans Enfans masles, sa Fille Marie fut mariée à Iean de Chalons auquel elle apporta en Mariage la Principauté d'Orenge: De ce Mariage vint Louis, Pere de Guillaume, qui eut pour Fils Iean, fait prisonnier avec Louis XII. à la Bataille de S. Aubin. Ce Iean eut Philibert, lequel eſtant mort ſans Enfans, fit heritier de ſes Eſtats, René de Naſſau, ſon Neveu, Fils de Claude ſa Sœur: Enſuite Guillaume Frere de René luy ſucceda, qui eut pour Fils Philippes Guillaume, qui épouſa à Fontainebleau, du temps de Henry IV. Eleonor de Bourbon, Sœur de Henry de Bourbon, Prince de Condé, & Maurice ſucceda à Philippes Guillaume ſon Frere; puis vint Henry Frederic, Frere de Maurice, qui eut pour Fils Gullaume II. le dernier mort, qui a laiſſé Guillaume III. Les Princes d'Orenge, comme Souverains, y font battre Monnoye, & Louis XI. permit à Guillaume de Chalons, de ſe dire par la Grace de Dieu, Prince d'Orenge.

La Ville eſt ſituée ſur la Riviere d'Argente, où il y a de beaux reſtes des anciens Romains. On y voit un Theatre des plus magnifiques, en forme d'Arc, dont les murailles ſont d'une architecture admirable, avec les Cavernes où on enfermoit les Beſtes deſtinées au Combat. Il ſe remarque encore à Orenge les reſtes d'un Aqueduc qui communiquoit les eaux à toute la Ville.

Orenge a une Univerſité que l'on dit avoir eſté fondée par Charlemagne: Elle eſt peu frequentée, parce qu'elle n'eſt que pour ceux de la Religion, qui y ſont les plus puissans, bien qu'il y ait un Evesché.

Hors la Vile, il y a le Chasteau à considerer, qui est une Place fort bien fortifiée, où il y a une bonne Garnison pour le Prince. On y trouve un Puits creusé dans le Rocher, sur lequel le Chasteau est basty, qu'on dit estre le plus profond & le plus large qui soit en France.

Hors la Porte qui va sur le chemin de Lyon, on y voit l'Arc de Triomphe que Cajus Marius y fit élever, en memoire de la Défaite de cent quatre mille Cimbres, sur lesquels ce grand Capitaine remporta une celebre Victoire. Cet Arc de Triomphe est d'une forme quarrée, sur lequel ladite Victoire est representée, avec les Batailles qui se donnent tant sur Mer que sur Terre, & les Instrumens dont on se sert à la guerre, comme Boucliers, Javelots, Halebardes, Piques, Cuirasses, Mats, Voiles, & autres. Au dessus de tous ces Trophées, est representée la Devineresse qui avoit prédit à la Femme de Marius, un jour qu'elle assistoit au Combat des Gladiateurs, la Victoire qu'il devoit remporter sur ces Barbares. On tient qu'elle estoit de Syrie, que Marius la conduisoit par tout dans une Litiere, & qu'il n'entreprenoit point de Combat sans l'avoir consultée. On trouve de plus hors la Ville un lieu qu'on appelle

Terre-ronde, où il y a à considerer les Bains & les Arenes. Les Bains sont des Caves, dans lesquelles il y avoit des Sources d'eau chaude, dont Marius se servoit pour se baigner. Les Arenes consistent en deux Tours, que l'on tient estre les restes d'un Amphitheatre que les Romains y avoient élevé.

Enfin il y a proche de la Ville, une Fontaine, que l'on appelle vulgairement *Lavecon*, au pied d'un Rocher, dont on dit que les eaux sont propres pour oster la sterilité aux Femmes, en lavant seulement les parties qui les distinguent des hommes, & qui les font Femmes. Je laisse au Lecteur d'en croire ce qu'il luy plaira.

Le Proverbe commun qui dit qu'à Orenge il n'y a point d'Orenge, donne lieu à plusieurs de croire que c'est plutost une Ville du Dauphiné, que de Provence; mais quoy qu'il en soit, il est constant que Martian appelle ceux d'Orenge *Arenici*, ou *Aricomici*. Il s'y est tenu deux Conciles Oecumeniques, dont le deuxième décide beaucoup de difficultez sur les matieres de la Grace, & est presque tout composé des Paroles du grand S. Augustin, qui en a si dignement écrit.

Ceux qui ne veulent pas aller jusques à Orenge, vont d'Avignon sur le Rhône, tout droit à

ARLES.

Auparavant que d'y arriver on passe entre Beaucaire Ville du Languedoc, & Tarascon Ville de Provence, basties l'une vis-à-vis de l'autre, separées seulement par la Riviere du Rhône, d'où est venu le Proverbe, qu'entre Beaucaire & Tarascon, il n'y paist ny Brebis, ny Mouton.

Arles a esté autrefois la Capitale de la Provence, & Chef de tout un Royaume qui portoit le mesme nom, & qui comprenoit les deux Bourgognes, la Savoye, le Lyonnois, le Dauphiné & la Provence. Aujourd'huy c'est un Archevesché de cette derniere Province, situé sur l'embouchure du Rhône, qui la divise en deux Parties. On tient qu'elle est Sœur d'origine de Marseille, que les Grecs ont bastie.

L'Eglise Archiepiscopale dediée à S. Trophime son premier Evesque, où l'on voit le Tombeau de Ferret ce grand Jurisconsulte, merite que l'on la considere : De mesme que l'Hospital que Charles IX. y fit bastir pour le soulagement des Pauvres ; & le lieu où tient le Presidial, où se voyent plusieurs belles Inscriptions.

On trouve à Arles de fort beaux restes de l'Antiquité. Le Palais de Froille estoit autrefois la demeure des Roys d'Arles, mais aujourdhuy il est presque tout ruiné. Les Arenes estoient un Amphitheatre fait en ovale, composé de soixante arcades: Les Caves où les Bestes sauvages estoient renfermées, servent aujourd'huy aux Tisserans. Au College proche l'Archevesché, on voit onze colomnes de marbre fondu, longues de soixante pieds & épaisses de quatorze, que l'on dit avoir servy au Temple de Diane, qui n'en est pas éloigné, dont il ne reste que deux Arcades. Il y a encore la Tour de Roland, qui sert d'Arcenal, & cinq Arcs de Triomphe, élevez par les Romains. Ceux qui se plaisent à voir des Inscriptions, n'ont qu'à visiter le Port, le Pont & les Portes de la Ville, où ils pourront satisfaire leur curiosité.

Hors la Ville il y a à voir l'Isle de Camargues, que l'on dit avoir esté faite par Cajus Marius dont elle tire le nom: le lieu appellé la Roquette: l'Abbaye des Religieuses du Mont Majeur: l'Eglise & le Cimetiere de S. Honnoré, où on trouvera une infinité de Tombeaux avec leurs Inscriptions fort anciennes. Outre ceux des anciens Payens, on y voit encore celuy d'un Duc de Savoye, celuy des Guisars, celuy d'un Duc de Baviere, celuy des douze Pairs de France, & celuy de Roland Neveu de Charlemagne, qui luy dressa cette Epitaphe.

Tu patriam repetis, tristi nos orbe relinquis,
Te tenet aula netens; nos lacrimosa dies.
Sed qui lustra geris octo & binos super annos,
Ereptus terris justus ad astra redis.

Il s'y en voit encore d'autres faits de marbre, sur lesquels sont representées diverses Histoires du vieux Testament. Nous avons assez long-temps demeuré parmy les Morts, allons voir ce qui se fait à

AIX.

C'est aujourd'huy la Capitale du Comté de Provence, qui tire son nom du mot *Provincia*, dont les Romains l'appellerent pource que ce fut la premiere Contrée des Gaules, qu'ils reduisirent en Province. Ce Pays a eu divers Maistres : les Visigots, les Bourguignons & les Ostrogoths l'ont possedé. Clovis I. s'en rendit Maistre, Charles le Chauve le donna à Boson son Beaufrere : Ensuite les Empereurs d'Allemagne s'en attribuerent les Droicts jusques à l'Empereur Charles IV. qui l'aliena avec tout le Royaume d'Italie dont la Provence faisoit partie. En suite Berenger Duc de Trioul s'en empara, & ses descendans la possederent jusques à Raymond son dernier Comte, qui donna en Mariage sa Fille Marguerite à S. Louis, & son autre Fille Beatrix à Charles Comte d'Anjou & Frere dudit Roy, laquelle apporta à son Mary la Comté de Provence. Cette Comté a demeuré dans cette Maison jusques au temps de Jeanne I. Reyne de Naples, issuë du sang dudit Charles & de ladite Beatrix, laquelle la donna à Louis I. Duc d'Anjou: Enfin René Duc d'Anjou, Comté de Provence, & Roy de Naples & de Sicile, petit Fils dudit Louis, se voyant sans Enfans la donna au Roy Louis XI. qui l'unit à la Couronne de France.

La Ville est située dans une vaste Campagne fort fertile & fort agreable. Strabon en attribuë la fondation a Cajus Sextius, Consul Romain, qui la nomma en Latin, *Aqua sextia salyum*, des Bains d'eau chaude qu'il y fit construire.

Dans l'Eglise Archiepiscopale nommée S. Sauveur, on voit le lieu où l'on tient qu'anciennement on faisoit des Sacrifices à Baal, entouré de huit colomnes d'un prix inestimable: Les Fonts Baptismaux faits d'un marbre tres-beau & tres-clair, & le Tombeau de Charles Comte d'Anjou & de Provence, & Roy de Naples & de Sicile, avec son Epitaphe en Vers.

Les deux Hospitaux de S. Jacques & du S. Esprit destinez pour le soulagement des Pauvres & des Malades, meritent d'estre veus ; & si vous prenez la peine d'aller aux Cordeliers, vous y trouverez le Tombeau de René Roy de Sicile.

Il y a encore à voir dans Aix quelques restes de l'antiquité, comme Tombeaux, Inscriptions, Colomnes, & autres choses que l'injure du temps a en partie ruinez.

Les anciens Bains des Romains sont proche les murailles de la Ville, dont les eaux sont tiedes, meslées d'alun & de soulfre: La Maison que ceux d'Aix donnerent à Monsieur de Guise, Lieutenant General du Roy, & celle de Berier, sont fort magnifiques, & embellies de quantité de Medailles, de Tableaux, de Statuës, & d'autres restes de l'antiquité.

Le Parlement se tient dans le Palais que François I. avoit commencé, au lieu où les anciens Comtes de Provence demeuroient, dont on voit encore la Chambre enrichie de quantité de belles Peintures, & toute dorée. Laissons ces Messieurs décider leurs Procez, cependant que nous prendrons le chemin de

MARSEILLE.

C'est une des anciennes Villes de Provence, fondée par les Grecs d'Asie, qui fuyoient la domination de Cyrus. Les Romains en firent un estat fort particulier, & la traitterent comme les autres Villes Confederées à l'Empire. Les bonnes Lettres tant Grécque que Latine y florirent longtemps, sous les Bardes, les Eubages & les Tectosages qui en estoient les Maistres. Dés le commencement ceux de Marseille firent bastir un Temple à Minerve Déesse des Sciences, & les Romains y envoyoient leurs Enfans pour les faire instruire.

Aujourd'huy c'est le séjour des Galeres de France, qui sont enfermées dans un des beaux Ports qui se voyent. La Ville est fort grande, bien bastie & fort bien peuplée, à cause du trafic qui s'y fait d'Italie, d'Asie & d'Afrique.

Apres avoir veu Marseille, je conseillerois d'aller voir la Sainte Baume, qui est un Lieu de Devotion où Sainte Marie Magdelaine se retira avec S. Maximin. Ce lieu est un Desert effroyable, considerable par la Grotte où cette Sainte se retira pour faire sa penitence. Il y a un Monastere de Peres Jacobins, qui est fort frequenté par quantité de Pelerins qui y vont de toutes parts. Cependant qu'ils diront leur Office, allons voir

TOVLON.

C'est encore une Ville de Provence, considerable par le trafic qui s'y fait & par son Port de Mer; On y voit ordinairement quantité de Vaisseaux, & c'est icy où est le rendez-vous de l'Armée Navale de France, pour les Expeditions de la Mer Mediterrannée. Je n'ay rien veu dans la Ville qui soit fort considerable, un jour suffit pour considerer tout ce qu'il y a à voir, avec son Eglise Cathedrale.

Pour achever le grand Tour, il faut traverser presque toute la Provence, sans qu'on rencontre de Villes fort considerables, jusques à ce que l'on soit arrivé à

GRENOBLE.

C'est la Ville Capitale du Dauphiné, dont Cesar appelle les Peuples, avec ceux de Savoye, *Allobroges*, qu'il dit estre confederez avec le Peuple Romain. Ce Pays a long-temps esté gouverné par ses Princes particuliers, jusques au Prince Humbert ou Imbert, Dauphin de Viennois, qui du consentement de l'Empereur Charles IV. le donna apres la mort de son Fils aisné à la Bataille de Crecy, à Philippes de Valois, à condition que le premier Fils de France porteroit le Nom de Dauphin de Viennois, & qu'il porteroit les Armes écartelées de France & de Dauphiné, qui sont d'or au

Dauphin d'azur, cresté, barbillé & oreillé de gueulles. Charles V. dit le Sage, fut le premier qui porta le nom de Dauphin, son Pere Iean estant Duc de Normandie lors que la Donation en fut faite à Philippes son Pere, par Hubert, lequel se fit Iacobin, & est enterré dans l'Eglise des Religieux de cet Ordre à Paris.

La Ville est située sur la Riviere d'Isere, que les Latins appellent *Gratianopolis*, de l'Empereur Gratian qui l'embellit & étendit ses murailles. Auparavant les Empereurs Diocletian & Maximilian y firent faire deux Portes faites de pierre de taille, dont l'une fut appellée *Romana Iovia*, pour gratifier Diocletian, qui s'égaloit à Iupiter, & l'autre *Herculea*, à l'honneur de Maximilian, qui se faisoit égal à Hercule. Il y a une Inscription sur chaque Porte en memoire de ces deux Empereurs.

L'Eglise Episcopale est dédiée à Nostre-Dame, est tres-ancienne & merite d'estre veuë, de mesme que plusieurs belles Tours qui sont dans Grenoble, principalement celle qui joint le Pont, embellie d'une fort belle Horloge.

Les deux Ponts & l'Arcenal ne doivent pas estre oubliez, non plus que le Palais de Lesdiguieres, qui est tres-magnifique, & le lieu où se tient le Parlement, qui n'est pas un petit ornement pour Grenoble.

Proche le Pont de Bonne, à une lieuë de Grenoble, on trouve une Fontaine qui a la proprieté de jetter sans cesse des flames & des boüillons qui consomment tout ce que l'on y approche.

A trois lieuës de Grenoble, on voit la grande Chartreuse, que S. Bruno natif de Cologne & Chanoine de Rheims, fonda dans un lieu fort solitaire : C'est une chose admirable que ces Religieux ne sentent jamais de Punaises, quoy que par tout ailleurs il y en ait en quantité. Laissons ces bons Peres dans leur Solitude, & passons à

VIENNE.

C'estoit auparavant l'etablissement du Parlement à Grenoble, la Capitale du Dauphiné, qui a pris son nom des Dauphins de Vienne, Princes Souverains de toute la Province. Ceux de Sens, que les Romains appelloient *Gaulois sennonois*, passans en Italie, environ l'an 366. de la fondation de Rome, y bastirent deux Temples, l'un en l'honneur de Mars, & l'autre à la Victoire. Depuis les Romains y mirent cinq Legions en Garnison. L. Plancus choisit ce lieu pour rafraischir ses Troupes. Jules-Cesar s'y fit faire des Greniers & des Magasins.

Auparavant Tiberinus Gracius la fortifia d'un Pont qui avoit vn Chasteau a chaque bout pour sa defense, avec une Inscription fort ancienne: On tient que Tibere y fit bastir cette haute Tour, où on dit que Pilate est mort, & l'on voit encore de grandes Pyramides dans les Vignes où estoit sa Maison. Galba honnora cette Ville de grands Privileges, pource que ses Habitans armerent contre ceux de Lyon, qui avoient pris le party de Neron. Vitellius y tenant son Lit de Justice, un Cocq luy vola sur les épaules, & en suite sur la teste; ce qui donna occasion à une Prédiction, par laquelle il fut averty qu'il tomberoit dans quelque peril, causé par un Gaulois. En effet il fut defait par un certain Antoine, natif de Toulouse, qui avoit eu le surnom de Bec de Cocq. Suetone en parle ainsi. *Cui Tholosæ nato, cognomen in pueritia Becco fuerat, id valet Gallinacei rostrum.*

L'Eglise Archiepiscopale, dediée à Saint Maurice, est fort magnifique: On y monte par trente-deux marches, & au dedans on y voit la Teste de S. Maurice avec quelques Tombeaux, dont vous pourrez voir les Inscriptions. Dans le Cimetiere de l'Abbaye S. Pierre, on y voit trois Lyons de pierre d'une prodigieuse grandeur, que l'on tient estre l'ouvrage des Romains: Il y a encore dans le mesme endroit plusieurs Tombeaux & plusieurs Inscriptions, de mesme que dans l'Eglise, qui sont assez remarquables. Celle de S. Sever est encore remplie de plusieurs Inscriptions fort curieuses, de mesme que son Cimetiere; Elle est bastie en un lieu où on adoroit cent Dieux, dans lequel il n'y avoit qu'un Arbre pour Temple, que S. Sever fit déraciner, & sous lequel on trouva une Teste de Mort pleine d'or & d'argent qui servit pour bastir cette Eglise: En témoignage dequoy on a élevé une Colomne, sur laquelle on lit ces Vers.

Arborem Deos Severus evertit
Centum Deorum.

On voit sur les murailles de celle de Nostre-Dame, qui estoit le lieu où les Romains exerçoient leur justice, une grosse Boule de pierre, sur laquelle est écrit: *C'est le Pommeau du Sceptre de Pilate.* Il y a encore des Inscriptions fort anciennes dans celles de S. Martin, & de S. Antoine.

Il y a trois Forteresses dans Vienne, dont l'une qui s'appelle le Temple de la Colombe, est à un des Fauxbourgs au delà du Pont: la seconde, que l'on nomme la Bastille, est à la Porte de Lyon; & la troisiéme est celle de Piper, qui domine sur la Ville.

Le lieu où se tient le Presidial est orné de quelques Inscriptions; & on voit dans la

Court un Arc de Triomphe à l'honneur de Louis XIII. embelly aussi de quelques Inscriptions à la memoire de ce grand Prince.

Proche le Palais on voit la Tour d'Orenge, qui a pris ce nom de ce qu'un Prince de cette Maison y fut fort long-temps prisonnier; Et dans l'enceinte de la Ville il y a un Amphitheatre presque tout entier

Le lieu que l'on nomme l'Azile, est un Bastiment quarré fait de pierre de taille, & soûtenu de quatre colomnes, auquel les Armes du Gouverneur sont affichées: Il y en a encore un autre où on travaille des Couteaux & des Epées, qui reçoivent une trempe merveilleuse des eaux d'une petite Riviere appellée la Giere, qui les porte dans le Rhône, dont le cours en montant vous conduira droit à Lyon. Nous en avons fait la description, de mesme que celle de la Route de Lyon à Paris: Il est temps qu'apres un si long Voyage, nous prenions un peu de repos, & que nous en donnions au Lecteur, pour luy faire remarquer les autres Particularitez dont nous n'avons pas parlé en faisant la Description de cette grande Ville, d'autant qu'elles ne sont pas encore dans leur derniere perfection.

De

De quelques Particularitez dans Paris, qui ne sont pas encore dans leur derniere perfection.

PARIS ressemble à l'Affrique, qui produit presque tous les jours quelque nouveauté : Il est vray que les productions de la Libie, ont ordinairement quelque chose d'affreux, au lieu que celles de Paris n'ont rien qui ne soit charmant & délicieux. On y entreprend souvent des Ouvrages qui sont d'une grande importance ; mais il faut du temps pour les achever : Il y en a plusieurs de cette nature, dont je n'ay pas parlé en faisant la description de Paris, mais qui ne laissent pas pourtant de meriter la curiosité des Etrangers. Cela m'a obligé d'en faire un Traité particulier, afin qu'il ne manque rien à leur satisfaction. Le premier objet qui se presente à nos yeux, est

L'Arc de Triomphe.

Allant de Paris à Vincennes par la Porte S. Antoine, on trouve au bout du Faux-bourg du mesme nom, le Modelle d'un Arc de Triomphe que l'on doit élever dans ce mesme endroit, à la memoire de Louis XIV. Le Dessein en est magnifique & auguste; mais il sera toûjours beaucoup au dessous des Vertus de cet incomparable Monarque, qu'on ne sçauroit representer que fort imparfaitement, quelque artifice que l'on y apporte. Les soins de Monsieur Colbert luy donneront sans doute tout l'éclat & tout le lustre possible, pour rendre à jamais la memoire de ce grand Prince en veneration parmy tous les Peuples du Monde. Laissons-le faire, esperons quelque chose de beau, & digne de la gloire de son Maistre: Cependant rentrons dans Paris, & allons voir

Le College des Quatre Nations.

La pieté & la generosité du feu Cardinal Mazarin, premier Ministre d'Estat, ont fondé ce College qui se perfectionne tous les jours, par les soins de Monsieur Colbert, Executeur de son Testament; sa situation est semblable à celle du Louvre, sur les bords de la Seine. Ces deux Bastimens se regardent mutuellement, & il semble que ce sage Ministre ait voulu placer son ouvrage en cet endroit, pour faire voir à tout le monde, que tout son éclat & toute sa gloire viennent du Louvre, où les grandes fortunes se forment.

L'étenduë de ce College est considerable. Je n'en sçay pas précisément l'institution, c'est pourquoy je n'en parleray pas; mais tout le monde sçait qu'il est fondé pour les François, pour les Allemans, pour les Italiens & pour les Espagnols; c'est pourquoy il est appellé le College des Quatre Nations, duquel il est temps de sortir, pour aller voir

Le Temple d'Vranie.

Au bout du Fauxbourg S. Jacques, on trouve un Edifice élevé par les soins de Monsieur Colbert, & destiné aux Observations Astronomiques. Le vulgaire a crû que c'estoit une Citadelle, & que les Carrieres, sur lesquelles il est basty, estoient une communication au Louvre; Mais Monsieur Buot, Precepteur du Roy pour les Mathematiques, qui en est le Directeur, détrompera ceux qui trempent dans cet erreur. Ce Bastiment est encore imparfait, mais ceux qui s'entendent és Fortifications ne jugeront jamais que ce soit une Citadelle. Sa figure & sa situation persuadent le contraire. Laissons raisonner le Peuple sur ce sujet à sa mode, & allons nous promener à la Plaine de Grenelle, pour y voir

La Maison des Soldats estropiez.

On trouve sur le chemin de Vaugirard, dans la Plaine de Grenelle, un nouveau Bastiment, destiné pour les Soldats estropiez. Le Roy aussi pieux que juste, a voulu pourvoir aux necessitez de ceux qui se rendent impuissans de gagner leur vie, pour s'estre voüez à son service : Il y en a beaucoup qui attendent avec impatience la perfection de cet Ouvrage ; & il y a apparence que les fruits de la Guerre qui se prepare donneront beaucoup de Pensionnaires à cet illustre Hospital.

Des Archeveschez & Eveschez de France.

ON compte en France quinze Archeveschez, qui ont sous eux environ cent Eveschez, qu'on appelle Suffragans, & ausquels le Roy pourvoit de sa pleine authorité. Nous les allons mettre tous par ordre, pour satisfaire à la curiosité des Estrangers qui sont bien aises de sçavoir les Titres & la Qualité des Villes du Royaume de France.

1. L'Archevesché de Lyon.

Son Archevesque est Comte & Primat des Gaules. Il a pour Suffragans.

L'Evesché d'Autun, en Bourgogne.
Son Evesque est President né & perpetuel des Estats de Bourgogne.

L'Evesché de Langres, en Champagne.
Son Evesque est Duc & Pair de France Ecclesiastique.

L'Evesché de Chalons sur Saone en Bourgogne.
Son Evesque porte le titre de Comte.

L'Evesché de Mascon.
Son Evesque ne porte point de titre particulier.

2. L'Archevesché de Sens.

Son Archevesque prend le titre de Primat des Gaules, qu'il dispute à celuy de Lyon. Il a pour Suffragans,

L'Evesché de Troyes en Champagne.
Son Evesque n'a point de titre particulier.

L'Evesché d'Auxerre, en Bourgogne.
Son Evesque n'a point de titre particulier.

L'Evesché de Nevers, en Nivernois.
Son Evesque n'a point de titre particulier.

3. L'Archevefché de Roüen.

Son Archevefque porte le titre de Primat de Normandie. Il a pour Suffragans.

L'Evefché de Bayeux.

Son Evefque n'a point de titre particulier.

L'Evefché d'Avranches.

Son Evefque n'a point de titre particulier.

L'Evefché d'Evreux.

Son Evefque n'a point de titre particulier.

L'Evefché de Seez.

Son Evefque n'a point de titre particulier.

L'Evefché de Lizieux.

Son Evefque porte le titre de Comte.

L'Evefché de Conftances.

Son Evefque n'a point de titre particulier.

4. L'Archevefché de Bourdeaux.

Son Archevefque prend le titre de Primat d'Aquitaine. Il a pour Suffragans.

L'Evefché d'Agen.

Son Evefque porte le titre de Comte.

L'Evesché d'Angoulesme, en Angoulmois.

Son Evesque n'a point de titre particulier.

L'Evesché de Xaintes, en Xaintonge.

Son Evesque n'a point de titre particulier.

L'Evesché de Poitiers, en Poitou.

Son Evesque n'a point de titre particulier.

L'Evesché de Perigueux, en Perigord.

Son Evesque n'a point de titre particulier.

L'Evesché de Condom.

Son Evesque porte le titre de Comte.

L'Evesché de la Rochelle, dans le Païs d'Aulnix.

Son Evesque n'a point de titre particulier.

L'Evesché de Luçon, en Poitou.

Son Evesque porte le titre de Baron.

L'Evesché de Sarlat, en Perigord.

Son Evesque est Seigneur de la Ville.

5. L'Archevesché de Bourges.

Son Archevesque prend la qualité de Patriarche, & de Primat d'Aquitaine, qu'il dispute à celuy de Bourdeaux. Il a pour Suffragans,

L'Evefché de Clermont, en Auvergne.

Son Evefque n'a point de titre particulier.

L'Evefché de Rhodez, en Rouergue.

Son Evefque porte le titre de Comte.

L'Evefché d'Alby, en Languedoc.

Son Evefque est Seigneur de la Ville.

L'Evefché de Cahors, en Quercy.

Son Evefque porte le titre de Comte & de Baron.

L'Evefché de Limoges, en Limosin.

Son Evefque n'a point de titre particulier.

L'Evefché de Mendes, en Languedoc.

Son Evefque porte le titre de Comte de Gevaudan.

L'Evefché du Puy, en Auvergne.

Son Evefque porte le titre de Seigneur du Puy & de Comte de Velay.

L'Evefché de Castres, en Languedoc.

Son Evefque n'a point de titre particulier.

L'Evefché de Vabres, en Languedoc.

Son Evefque porte le titre de Comte.

L'Evefché de S. Flour, en Auvergne.

Son Evefque porte le titre de Seigneur de la Ville.

6. *L'Archevefché d'Arles.*

Son Archevefque prend la Qualité de Prince

Prince & de Primat. Il a pour Suffragans,

L'Evesché de Marseille.

Son Evesque n'a point de titre particulier.

L'Evesché de S. Paul trois Chasteaux.

Son Evesque porte le titre de Comte.

L'Evesché de Toulon.

Son Evesque est Seigneur de la Ville.

L'Evesché d'Orenge.

Son Evesque n'a point de titre particulier.

7. L'Archevesché de Vienne.

Son Archevesque prend la Qualité de Comte & de Primat. Il a pour Suffragans.

L'Evesché de Geneve.

Son Evesque porte la Qualité de Comte, & est à la Nomination du Duc de Savoye.

L'Evesché de Grenoble.

Son Evesque porte le titre de Prince, & il est President né des Estats de Dauphiné.

L'Evesché de Viviers, en Languedoc.

Son Evesque porte le titre de Comte.

Les Eveschez de Valence & de Die.

L'Evesque porte le titre de Comte de Valence & de Die.

8. L'Archevesché de Narbonne.

Son Archevesque porte le titre de Primat. Il a pour Suffragans.

L'Evesché de Beziers.
Son Evesque est Seigneur en partie de la Ville.

L'Evesché d'Agde.
Son Evesque porte le titre de Comte.

L'Evesché de Carcassonne.
Son Evesque n'a point de titre particulier.

L'Evesché de Nismes.
Son Evesque n'a point de titre particulier.

L'Evesché de Montpellier.
Son Evesque n'a point de titre particulier.

L'Evesché de Lodeve.
Son Evesque est Seigneur de la Ville, & porte la qualité de Comte de Montbrun.

L'Evesché d'Vsez.
Son Evesque est Seigneur en partie de la Ville.

L'Evesché de S. Pons de Tomieres.
Son Evesque est Seigneur de la Ville.

L'Evesché d'Alet.
Son Evesque porte le titre de Comte.

9. L'Archevesché de Tours.

Son Archevesque n'a point de titre particulier. Il a pour Suffragans,

L'Evesché du Mans, dans le Maine.
Son Evesque n'a point de titre particulier.

L'Evesché d'Angers, en Anjou.
Son Evesque n'a point de titre particulier.

L'Evesché de Rennes, en Bretagne.
Son Evesque n'a point de titre particulier.

L'Evesché de Nantes, en Bretagne.
Son Evesque n'a point de titre particulier.

L'Evesché de Cornoüaille, en Bretagne.
Son Evesque n'a point de titre particulier.

L'Evesché de Vannes en Bretagne.
Son Evesque n'a point de titre particulier.

L'Evesché de S. Pol de Leon, en Bretagne.
Son Evesque porte le titre de Comte.

L'Evesché de Treguier, en Bretagne.
Son Evesque n'a point de titre particulier.

L'Evesché de S. Brieu, en Bretagne.
Son Evesque est Seigneur de la Ville.

L'Evesché de S. Malo, en Bretagne.
Son Evesque est Seigneur de la Ville.

L'Evesché de Dol, en Bretagne.
Son Evesque porte le titre de Comte.

10. *L'Archevesché de Rheims.*

Son Archevesque porte le titre de Premier Duc & Pair de France Ecclesiastique, qui sacre nos Roys. Il a pour Suffragans,

L'Evesché de Soissons, dans l'Isle de France.
Son Evesque ne porte point de titre particulier.

L'Evesché de Chalons sur Marne.
Son Evesque porte le titre de Comte & Pair de France Ecclesiastique.

L'Evesché de Laon, en Picardie.
Son Evesque porte le titre de Duc & Pair de France Ecclesiastique.

L'Evesché de Senlis, dans l'Isle de France.
Son Evesque n'a point de titre particulier.

L'Evesché de Beauvais, dans l'Isle de France.
Son Evesque porte le titre de Comte & Pair de France Ecclesiastique, Chastelain de Beauvais, & Vidame de Gebroy.

L'Evesché d'Amiens, en Picardie.
Son Evesque n'a point de titre particulier.

L'Evesché de Noyon, en Picardie.
Son Evesque porte le titre de Comte & de Pair de France Ecclesiastique.

L'Evesché de Bologne, en Picardie.
Son Evesque n'a point de titre particulier.

11. L'Archevesché d'Aix.

Son Archevesque n'a point de titre particulier. Il a pour Suffragans,

L'Evesché d'Apt.
Son Evesque porte le titre de Prince.

L'Evesché de Ries.
Son Evesque est Seigneur de la Ville.

L'Evesché de Frejus.
Son Evesque est Seigneur de la Ville.

L'Evesché de Gap.
Son Evesque est Comte & Seigneur de la Ville.

L'Evesché de Cisteron.
Son Evesque n'a point de titre particulier.

12. L'Archevesché d'Auch.

Son Archevesque est Seigneur de la Ville. Il a pour Suffragans.

L'Evesché d'Acqs.
Son Evesque n'a point de titre particulier.

L'Evesché de Letoure.
Son Evesque n'a point de titre particulier.

L'Evesché de Cominges.
Son Evesque n'a point de titre particulier.

L'Evesché de Couserans.

Son Evesque n'a point de titre particulier.

L'Evesché d'Aire.

Son Evesque est Seigneur de la Ville.

L'Evesché de Bazas.

Son Evesque n'a point de titre particulier.

L'Evesché de Tarbes, en Bigorre.

Son Evesque n'a point de titre particulier.

L'Evesché d'Oleron, en Bearn.

Son Evesque est Seigneur de la Ville.

L'Evesché de Lescar.

Son Evesque est President né des Estats de Bearn, Premier Conseiller au Parlement de Navarre, ou de Pau, & Premier Baron de Bearn.

L'Evesché de Bayonne.

Son Evesque n'a point de titre particulier.

13. L'Archevesché d'Ambrun.

Son Archevesque porte le titre de Prince. Il a pour Suffragans,

L'Evesché de Digne.

Son Evesque n'a point de titre particulier.

L'Evesché de Grasse, en Provence.

Son Evesque n'a point de titre particulier.

L'Evesché de Vence, en Provence.

Son Evesque n'a point de titre particulier.

L'Evesché de Glandeves, en Provence.

Son Evesque est Seigneur de la Ville.

L'Evesché de Senez, en Provence.

Son Evesque est Seigneur de la Ville.

L'Evesché de Nice, en Provence.

Son Evesque est à la Nomination du Duc de Savoye, & il porte le titre de Comte de Drap.

14. L'Archevesché de Toulouse.

Son Archevesque n'a point de titre particulier. Il a pour Suffragans.

L'Evesché de Pamiers.

Son Evesque n'a point de titre particulier.

L'Evesché de Montauban, en Quercy.

Son Evesque est Seigneur de la Ville.

L'Evesché de Mirepoix.

Son Evesque n'a point de titre particulier.

L'Evesché de Lavaur.

Son Evesque n'a point de titre particulier.

L'Evesché de Rieux.

Son Evesque n'a point de titre particulier.

L'Evesché de Lombez.

Son Evesque n'a point de titre particulier.

L'Evesché de S. Papoul.

Son Evesque est Seigneur de la Ville.

15. L'Archevesché de Paris.

Son Archevesque n'a point de titre particulier, mais il a voix & seance au Parlement. Il a pour Suffragans.

L'Evesché de Chartres, en Beauße.

Son Evesque n'a point de titre particulier.

L'Evesché de Meaux en Brie.

Son Evesque n'a point de titre particulier.

L'Evesché d'Orleans.

Son Evesque n'a point de titre particulier.

Outre les susdits Eveschez, il y en a quelques autres qui sont à la Nomination du Roy; mais qui sont Suffragans de quelques Archeveschez hors le Royaume, dont nous allons parler.

Sous l'Archevesché de Tréves en Allemagne.

L'Evesché de Mets.
Son Evesque porte le titre de Prince du S. Empire.

L'Evesché de Toul.
Son Evesque porte le titre de Comte.

L'Evesché de Verdun.
Son Evesque porte le titre de Comte & de Prince du S. Empire.

Sous l'Archevesché de Cambray.

L'Evesché d'Arras, en Artois.
Son Evesque n'a point de titre particulier.

L'Evesché de Tournay, en Flandres.
Son Evesque n'a point de titre particulier.

Sous l'Archevesché de Besançon en la Franche-Comté.

L'Evesché de Bellay, en Bresse.
Son Evesque est Seigneur de la Ville.

Remarquez que quand les Eveschez se trouvent dans la mesme Province où est l'Archevesché dont ils dépendent, je ne la marque point.

Des Vniversitez de France.

LA France n'a pas seulement ses Academies en plusieurs endroits du Royaume, pour instruire la Noblesse dans tous les Exercices Militaires; elle a encore outre une infinité de Colleges qui sont établis en chaque Ville, quantité de celebres Universitez pour l'étude des belles Lettres. C'est dans ce séjour des Muses que se forment les grands Hommes, soit pour la Chaire, soit pour le Barreau, & on en voit sortir tous les jours des Autheurs tres-illustres. Voicy le dénombrement de toutes celles qui ont esté fondées en France.

Les Universitez de Paris, dont le principal College est celuy de Sorbonne.

De Toulouse, en Languedoc.

De Bordeaux, en Guyenne.

De Poitiers, en Poitou.

D'Orleans, où la Faculté du Droict Civil de Paris a esté transportée.

De Bourges, en Berry, où le Droict Civil florit.

D'Angers, en Anjou.

De Caën, en Normandie.

De Montpellier, en Languedoc, où la

Faculté de Medecine est en grande estime.

De Cahors, en Quercy.
De Nantes, en Bretagne.
De Rheims, en Champagne.
De Valence, en Dauphiné.
D'Aix, en Provence.
D'Avignon, en Provence.
De Pont à Mouson, sur les Confins de Champagne.
De Doüay en Flandres.

Des Ducs & Pairs de France.

IL n'y avoit anciennement que douze Pairs de France, dont l'Institution est fort incertaine. De ces douze Pairs, il y en avoit six Ecclesiastiques qui sont encore aujourd'huy, & six Laïcs qui ne subsistent plus. Parmy les Ecclesiastiques, il y en a trois qui sont Ducs & Pairs, & trois autres qui sont Comtes & Pairs. Il en estoit de mesme des Pairs Laïcs, parmy lesquels il y en avoit trois Ducs & trois Comtes, dont nous allons parler par ordre, & de leur fonction dans le Sacre de nos Roys.

Ducs & Pairs Ecclesiastiques.

1. L'Archevesque de Rheims qui sacre le Roy.

2. L'Evefque de Laon, qui porte la Sainte Ampoule.

3. L'Evefque de Langres, qui porte le Sceptre, & qui facre le Roy en l'abfence de l'Archevefque de Rheims.

Comtes & Pairs Ecclefiaftiques.

1. L'Evefque de Beauvais, qui porte le Manteau Royal.

2. L'Evefque de Chalons fur Marne, qui porte l'Anneau.

3. L'Evefque de Noyon, qui porte la Ceinture ou Baudrier.

Ducs & Pairs Laïcs.

1. Le Duc de Bourgogne, qui portoit la Couronne Royale, & ceignoit l'Epée au Roy.

2. Le Duc de Guyenne, qui portoit la premiere Banniere quarrée.

3. Le Duc de Normandie, qui portoit la feconde.

Comtes & Pairs Laïcs.

1. Le Comte de Touloufe, qui portoit les Efprons.

2. Le Comte de Champagne, qui por-

toit la Banniere Royale, ou l'Etendart de Guerre.

3. Le Comte de Flandres, qui portoit l'Epée du Roy.

Mais parce que ces Pairs Laïcs ne subsistent plus aujourd'huy, le Roy choisit six Seigneurs de remarque pour les representer & pour faire leur fonction à son Sacre.

Des Ducs & Pairs d'aujourd'huy.

LE nombre des Ducs & Pairs de France d'aujourd'huy, est d'une plus grande étenduë que n'estoit pas celuy des anciens. Le Roy en fait autant qu'il luy plaist; mais remarquez que ceux qu'il honnore de cette Dignité, doivent faire verifier leurs Lettres au Parlement de Paris, où ils ont ensuite seance; & c'est pourquoy on l'appelle le Parlement des Pairs, qui ne peuvent estre jugez que par les Officiers dudit Parlement.

Cette Dignité de Duc & Pair de France, lors que les Lettres du Roy ont esté verifiées en Parlement, se perpetuë dans les Familles, quand il y a des Enfans masles; mais à leur defaut, les Terres qui ont esté érigées en Duché & Pairie, reprennent leurs anciens Titres, soit de Baronnie, soit de Comté, Vicomté, ou Marquisat.

Il y a pourtant quelques Duchez & Pairies qui tombent en Quenoüille, & auſquels les Femelles ſont habilles de ſucceder. De cette nature ſont les Duchez & Pairies de Nevers, de Beaumont le Vicomte, de Mayenne, de Mercœur, de Rethelois, de Joyeuſe, d'Eſpernon, d'Elbeuf, de Richelieu, d'Aiguillon & de Veaujour.

Pour les Ducs & Pairs qui n'ont ſimplement que le Brevet du Roy, & dont les Lettres ne ſont pas enregiſtrées en Parlement, ils portent à la verité cette Qualité pendant leur vie, mais elle s'éteint par leur mort, & ne paſſe point à leurs Enfans maſles, & ils n'ont point de ſeance au Parlement. Voicy le dénombrement de tous les Ducs & Pairs de France d'aujourd'huy, qui ont eſté receus au Parlement, avec l'année de leur reception, dont pluſieurs ont eſté réunis à la Couronne.

Bretagne, Duché & Pairie, érigé par Philippes le Bel, l'an 1297.

Bourbon, ſimple Duché, érigé par Charles IV. l'an 1327.

Orleans, Duché & Pairie, érigé par Philippes de Valois, l'an 1344.

Anjou, Duché & Pairie, érigé par le Roy Jean, l'an 1350.

Berry, ſimple Duché, érigé par le meſme Roy, l'an 1360.

DE FRANCE.

Touraine, simple Duché, érigé par le mesme Roy, l'an 1360.

Valois, Duché & Pairie, érigé par Charles VI. l'an 1402.

Nemours, Duché & Pairie, érigé par le mesme Roy, l'an 1404.

Alençon, Duché & Pairie, érigé par le mesme, l'an 1413.

Longueville, simple Duché, érigé par Louis XII. l'an 1505.

Vendosme, Duché & Pairie, érigé par François I. l'an 1514.

Chasteleraud, Duché & Pairie, érigé par le mesme Roy, l'an 1514.

Angoulesme, Duché & Pairie, érigé par le mesme, l'an 1515.

Guyse, Duché & Pairie, érigé par le mesme, l'an 1527.

Estampes, simple Duché, érigé par le mesme, l'an 1536.

Montpensier, Duché & Pairie, érigé par le mesme, l'an 1538.

Aumale, Duché & Pairie, érigé par Henry II. l'an 1547.

Albret, Duché & Pairie, érigé par le mesme Roy, l'an 1556

Beaupreau, simple Duché, érigé par Charles IX. l'an 1562.

Chasteau-Thierry, Duché & Pairie, érigé par le mesme Roy, l'an 1566.

Ponthieure, Duché & Pairie, érigé par le mesme, l'an 1569.

Usez, Duché & Pairie, érigé par le mesme, l'an 1565.

Mayenne, Duché & Pairie, érigé par le mesme, l'an 1573.

Mercœur, Duché & Pairie, érigé par le mesme, l'an 1569.

Saint Fargeau, Duché & Pairie, érigé par Henry III. l'an 1575.

Lodun, simple Duché, érigé par le mesme Roy, l'an 1579.

Joyeuse, Duché & Pairie, érigé par le mesme, l'an 1581.

Espernon, Duché & Pairie, érigé par le mesme, l'an 1581.

Elbeuf, Duché & Pairie, érigé par le mesme, l'an 1582.

Hallüin, Duché & Pairie, érigé par le mesme, l'an 1587.

Montbazon, Duché & Pairie, érigé par le mesme, l'an 1589.

Ventadour, Duché & Pairie, érigé par le mesme, l'an 1589.

Beaufort, Duché & Pairie, érigé par Henry IV. l'an 1597.

Thoüars, Duché & Pairie, érigé par le mesme Roy, l'an 1599.

Süilly, Duché & Pairie, érigé par le mesme, l'an 1606.

Fronsac

DE FRANCE.

Fronsac & Caumont, Duché & Pairie, érigé par le mesme, l'an 1608.

Chasteau-Roux, Duché & Pairie, érigé par Louis XIII. l'an 1616.

Luynes, Duché & Pairie, érigé par le mesme, l'an 1619.

Lesdiguieres, Duché & Pairie, érigé par le mesme, l'an 1611.

Brissac, Duché & Pairie, érigé par le mesme, l'an 1611.

Chaunes, Duché & Pairie, érigé par le mesme, l'an 1621.

Villars, Duché & Pairie, érigé par le mesme, l'an 1628.

Richelieu, Duché & Pairie, érigé par le mesme, l'an 1631.

Montmorency, Duché & Pairie, érigé par le mesme, l'an 1633.

Retz, Duché & Pairie, érigé par le mesme, l'an 1634.

Saint Simon, Duché & Pairie, érigé par le mesme, l'an 1635.

La Rochefoucault, Duché & Pairie, érigé par le mesme, l'an 1622.

La Force, Duché & Pairie, érigé par le mesme, l'an 1637.

Aiguillon, Duché & Pairie, érigé par le mesme, l'an 1638.

Valentinois, Duché & Pairie, érigé par le mesme, l'an 1642.

Q

Rohan, Duché & Pairie, érigé par le mesme, l'an 1645.

Verneüil, Duché & Pairie, érigé par le mesme, l'an 1652.

Estrées, Duché & Pairie, érigé par le mesme, l'an 1645.

Gramont, Duché & Pairie, érigé par le mesme, l'an 1643.

Nevers, Duché & Pairie, érigé par Louis XIV. l'an 1660.

Rethelois-Mazarini, Duché & Pairie, érigé par le mesme Roy, l'an 1663.

Villeroy, Duché & Pairie, érigé par le mesme, l'an 1663.

Mortemart, Duché & Pairie, érigé par le mesme, l'an 1663.

Crequy, Duché & Pairie, érigé par le mesme, l'an 1663.

Saint Agnan, Duché & Pairie, érigé par le mesme, l'an 1663.

Foix-Randam, Duché & Pairie, érigé par le mesme, l'an 1663.

Liancourt, Duché & Pairie, érigé par le mesme, l'an 1663.

Tresmes, Duché & Pairie, érigé par le mesme, l'an 1663.

Noailles, Duché & Pairie, érigé par le mesme, l'an 1663.

Coiflin, Duché & Pairie, érigé par le mesme, l'an 1663.

Plessis-Praslin, Duché & Pairie, érigé par le mesme, l'an 1665.

Aumont, Duché & Pairie, érigé par le mesme, l'an 1665.

La Ferté-Senecterre, Duché & Pairie, érigé par le mesme, l'an 1665.

Montauzier, Duché & Pairie, érigé par le mesme, l'an 1665.

Vaujour, Duché & Pairie, érigé par le mesme, l'an 1667.

Chevreuse, simple Duché, érigé par le mesme, l'an 1667.

Des Parlemens de France.

LEs Parlemens ont esté établis pour rendre la justice aux Peuples, conformément aux Ordonnances de nos Roys. Pepin I. premier Roy de la deuxiéme Race institua un Conseil, composé des Pairs de France, tant Ecclesiastiques que Laïcs, qui suivoient les Roys de France, dans tous ses Voyages, & connoissoient des Differens qui naissoient entre les Particuliers. On appella ce Conseil Parlement, dans lequel le Tiers Estat, ou Communautez des Villes n'avoient que la voix plaintive. Il representoit les Estats Generaux du Royaume,

& décidoit non seulement des Affaires des Particuliers, mais encore de toutes celles qui regardoient l'Estat : De là vient que le Parlement de Paris, qui fut fixé & rendu sedentaire dans cette Ville par Philippes le Bel, a retenu le Privilege de verifier & modifier les Edits de nos Roys, qui regardent les interests des Peuples du Royaume. On l'appelle encore la Cour des Pairs, parce que les Ducs & Pairs de France y ont seance, & ne peuvent estre jugez que par le Parlement de Paris. Le nombre des Parlemens s'est accrû successivement, & aujourd'huy on en compte dix, dont nous allons parler selon l'ordre de leur Creation, avec l'étenduë de leur ressort.

1. Paris a sous sa Jurisdiction, l'Isle de France, la Beausse, le Berry & la Sologne, l'Auvergne, le Lyonnois, le Forests & le Beaujolois, le Poitou, l'Anjou, l'Angoulmois, le Maine, le Perche, la Picardie, la Champagne, la Brie & le Masconnois, la Touraine, le Bourbonnois & le Nivernois.

2. Toulouse, institué par Philippes le Bel, l'an 1302. & fait sedentaire par Charles VII. l'an 1443. a sous sa Jurisdiction tout le Languedoc, le Roüergue, le Quercy, le Comté d'Armagnac & le Comté de Foix.

3. Roüen, institué par Charles VII. l'an

1445. & fait sedentaire par Louis XII. l'an 1503. a sous sa Jurisdiction toute la Normandie.

4. Bordeaux, institué par Louis XI. l'an 1462. a sous sa Jurisdiction la Guyenne, le Perigord, le Limosin, la Xaintonge, & une partie de la Biscaye.

5. Rennes, institué par Henry II. l'an 1553. a sous sa Jurisdiction toute la Bretagne.

6. Grenoble, institué par Charles VII. l'an 1453. a sous sa Jurisdiction tout le Dauphiné.

7. Dijon, institué par Louis XI. l'an 1476. a sous sa Jurisdiction toute la Bourgogne.

8. Aix, institué par Louis XII. l'an 1501. a sous sa Jurisdiction toute la Provence.

9. Pau, institué par Henry IV. l'an 1591. a sous sa Jurisdiction tout le Bearn.

10. Mets, institué par Louis XIII. l'an 1633. a sous sa Jurisdiction le Païs Messin, & les Villes Imperiales de Toul & Verdun.

Tous les Parlemens sont composez de la Grand' Chambre, où sont les Presidens à Mortier, ainsi appellez d'un habillement de teste qu'ils portent dans les grandes Ceremonies : De la Chambre Criminelle ou Tournelle, composée de toutes les autres Chambres, où il y a aussi des Presidens à

Mortier, & de plusieurs Chambres des Enquestes. Dans tous les Parlemens il y a deux Advocats Generaux, & un Procureur General, des Greffiers, des Huissiers, des Advocats particuliers & des Procureurs.

Il y en a quelques-uns qui ont une Chambre particuliere pour les Personnes de la Religion, qu'on appelle la Chambre de l'Edit, qui est en quelques Parlemens my-partie, c'est à dire composée d'un nombre égal de Juges Catholiques & de la Religion.

On peut appeller aux Parlemens du Iugement des Cours de Iustices Subalternes qui sont dans leur ressort, qu'on appelle Sentences, au lieu que les Décisions des Parlemens & des autres Cours Souveraines, se nomment Arrests, dont il n'y a point d'appel; car toutes les Cours Souveraines jugent diffinitivement & en dernier ressort, de toutes les Causes qui leur sont attribuées.

Outre les Parlemens qui tiennent le premier rang entre les Cours Souveraines, il y en a d'autres qui ont leur attribution particuliere, & qui jugent souverainement des Affaires dont elles ont connoissance.

La premiere apres les Parlemens, est la Chambre des Comptes, qui connoist de la Recepte & de la Dépense des Finances du

DE FRANCE.

Royaume ; arreste les Comptes de la Maison du Roy, reçoit la foy & hommage des Vassaux, des Principautez, Duchez, Pairies, Marquisats, Comtez, Baronnies & Chastellenies, dont elle enregistre l'Erection, ou Creation ; verifie les Declarations de Guerre, Traitez de Paix, Contracts de Mariage des Roys & des Enfans de France, avec leurs Appanages, les Réünions & Allienations des Domaines, les Naturalitez & Amortissemens, Legitimations, Dons, Pensions, Gratifications, & generalement toutes les Lettres de Grace.

Il y a dans le Royaume huit Chambres des Comptes ; sçavoir, Paris, Roüen, Dijon, Nantes, Montpellier, Grenoble, Aix & Blois.

La deuxiéme Cour Souveraine, est le Grand Conseil, qui suit la Cour quand il plaist au Roy : Sa Jurisdiction s'étend dans tout le Royaume, parce qu'il n'y en a qu'un. Il connoist des nullitez & contrarietez d'Arrests, de la Jurisdiction des Presidiaux & Prevosts des Mareschaux, & des Matieres concernant les Benefices qui sont à la Nomination de Sa Majesté.

La troisiéme, est la Cour des Aydes, qui connoist des Tailles, Gabelles, Impositions, de toutes Fermes & Droicts du Roy, & du Titre de Noblesse: Il y a cinq Cours des

Aydes en France ; sçavoir, Paris, Roüen, Clermont en Auvergne, Montpellier & Bordeaux.

La quatriéme, est la Cour des Monnoyes, dont vous verrez la Jurisdiction, en suite de la Liste des Villes qui ont droict d'en faire battre.

La cinquiéme, est la Generalité des Tresoriers Generaux de France, qui connoissent de toutes les Matieres qui regardent le Domaine du Roy ; de la grande & petite Voyrie des Villes de leur Generalité ; de tous Bastimens, Reparations des Maisons Royales, Palais où se rend la Iustice, Presidiaux, Bailliages, Seneschaussez, Prevostez, & de toutes les Jurisdictions Royales, Ponts & Chaussées, Pavé & autres Ouvrages publics. On compte vingt-trois Generalitez dans le Royaume, & vingt-trois Tresoriers de France en chaque Bureau.

Outre ces Cours Souveraines, il y en a plusieurs Subalternes, comme sont les Bailliages, Seneschauffées, Presidiaux, Elections, la Jurisdiction des Eaux & Forests, la Connestablie & Mareschauffée de France, & autres particulieres, dont la connoissance est fort inutile aux Etrangers.

Je n'ay point parlé des Maistres des Requestes, parce que je me propose d'en traitter, en parlant du Chancelier, & des Conseils du Roy, sur la fin de mon Ouvrage.

Des Roys de France.

CE n'est pas assez d'avoir servy de Guide aux Etrangers, dans le Voyage de France, il faut encore leur donner la connoissance des Roys qui l'ont gouvernée depuis la Fondation de cette Auguste Monarchie, qui subsiste depuis plus de douze Siecles, avec un plus grand éclat que jamais. Comme mon dessein n'est pas de leur donner icy une Histoire de France, mais seulement une idée generale de ses Roys, je me contenteray de mettre seulement leurs Noms, avec leurs Devises en Latin & en François, qui expliquent les Actions principales de leur Regne, dont je marque aussi la durée. Ces Devises sont les mesmes que l'on voit sur le Pont Nostre Dame, inventées par un tres-bel Esprit de la Compagnie de Iesus, à l'Entrée du Roy dans Paris, l'an 1660. apres son Mariage avec Marie-Therese Infante d'Espagne, celebré a S. Iean de Luz le 5. Iuin de la mesme année. Il faut avertir les Etrangers, que nous faisons trois Races, ou trois Familles de nos Roys : La premiere, est celle des Merouingiens, qui prend son nom de

Meroüée, troisiéme Roy de la Monarchie Françoise : La seconde, est celle des Carlovingiens, qui est ainsi appellée de Charlemagne, qui succeda à son Pere Pepin le Bref, Chef de la deuxiéme Race : Enfin la troisiéme est celle des Capetiens, ou des Capets, ainsi dite de Hugues Capet qui en est le premier Roy, & qui a donné tant d'Illustres Monarques à la France, gouvernée aujourd'huy aussi glorieusement qu'heureusement par Louis XIV.

Premiere Race des Roys de France, dite des Meroüingiens.

1. PHARAMOND, regna   8. ans.
DEVISE.
Imperium sine fine dedi.
J'ay fondé cet Estat sur de si fermes Loix,
Qu'on ne peut voir la fin de l'Empire François.

2. CLODION, dit le Chevelu, regna 20.
DEVISE.
Romæ vix. Cessimus uni.
Quoy que Rome se vante, il faut qu'elle concede,
Que l'Empire François à grand' peine luy cede.

3. MEROUE'E, regna   10. ans.
DEVISE.
Nobis ferus Attila cessit.

Le cruel Attila, malgré son fier couroux,
Redouta mon Epée, & tomba sous mes coups.

4. CHILPERIC I. regna   24.
DEVISE.
Redij virtute decorus.

Je descendis du Trône, & l'on sçait dans l'Histoire,
Qu'on m'y vid remonter avecque plus de gloire.

5. CLOVIS I. regna   30.
DEVISE.
Salus mihi conjuge parta est.

Si quittant les faux Dieux, le vray Dieu fut mon but,
Ce fut ma Femme enfin qui causa mon salut.

6. CHILDEBERT I. regna   34.
DEVISE.
Armatus terror Iberi.

J'ay fait, par ma valeur, trembler dans la Campagne,
Les Aigles de l'Empire, & les Lyons d'Espagne.

7. CLOTAIRE I. regna　　　　12. ans.
DEVISE.
Vicit amor Patriæ.

Je fus si fort vaincu d'amour pour ma Patrie,
Que j'eusse mis pour elle, & mon sang &
ma vie.

8. CHEREBERT, regna　　　　15.
DEVISE.
Themidi Musarum Numina junxit.

Quoy que je fusse né pour les travaux de
Mars,
J'ay fait fleurir Themis, les Muses & les
Arts.

9. CHILPERIC II. regna　　　　8.
DEVISE.
Infaustis avibus rexi.

J'ay monté sur le Trône, en un temps où
j'assure
Que tout estoit pour moy de tres-mauvais
augure.

10. CLOTAIRE II. regna　　　　37.
DEVISE.
De Spinis Rosa nata fui.

Mon Estat fut troublé de Guerres intestines;
Mais j'ay veu succeder les Roses aux
épines.

11. DAGOBERT I regna 16. ans.
DEVISE.
Multi post Bella triumphi.
Apres tant de Combats, & de sang répandu,
Je triomphe de tout, quand on croit tout perdu.

12. CLOVIS II. regna 18.
DEVISE.
Vigili stant Regna Ministro.
La conduite & l'esprit d'un Ministre soigneux,
Rend son Roy redoutable, & son Estat heureux.

13. CLOTAIRE III. regna 4.
DEVISE.
Claustro dis ausimus hostes.
D'un Convent solitaire où mon sort m'avoit mis,
J'eus le plaisir de voir périr mes Ennemis.

14. CHILDERIC II. regna 5.
DEVISE.
Dulcem mihi malo quietem.
La Guerre en un Estat apporte tant de maux,
Que j'aime mieux gouster la douceur du repos.

15. THEODORIC., ou THIERRY, regna 19. ans
DEVISE.
Donis auximus Aras.

Du respect des Autels, j'ay donné cent Exemples,
Augmenté de cent Dons les Trefors des Saints Temples.

16. CLOVIS III. regna 6.
DEVISE.
Socio confidimus uni.

Je me fuis repofé dans toutes mes affaires,
Sur un feul dont les foins m'ont efté neceffaires.

17. CHILDEBERT II. regna 17.
DEVISE.
Pius idem omnibus æquus.

Je fus doux à chacun, auffi bien qu'équitable,
Et par ma Pieté je me rendis aimable.

18. DAGOBERT II. regna 5.
DEVISE.
Brevis mihi gloria Regni.

J'ay joüy peu de temps de la gloire que donne
D'un Royaume fameux l'éclatante Couronne.

DE FRANCE.

19. DANIEL ou CHILPERIC III.
regna 5. ans.

DEVISE.

Clauſtris fero Sceptra relictis.

Le Sceptre des François fut toute mon étude,
Si-toſt que j'eus pour eux quitté ma ſolitude.

20. CHILDERIC III. regna 12.

DEVISE.

Nos aliquid nomen ceſſimus.

Mon Nom plus reſpecté que pas-un Nom du Monde,
A fait aſſez de bruit ſur la Terre & ſur l'Onde.

Seconde Race des Roys de France, dite des Carlovingiens.

1. PEPIN, dit le Bref, regna 27. ans

DEVISE.

Merui regnare vocatus.

Si la France autrefois m'apella ſur le Trône,
C'eſt que je meritay de porter la Couronne.

2. CHARLEMAGNE, regna 45.

DEVISE.

Conſilio major, qui magnus in armis.

Si dedans les Combats je n'eus point de pareil,

R iiij

Je fus beaucoup plus grand que mon sage
Conseil.

3. LOUIS I. dit le Debonnaire, reg. 27.
DEVISE.
Bis cado, bisque resurgo.
Je suis tombé deux fois, quoy que bien
élevé;
Mais deux fois pour mon bien je me suis
relevé.

4. CHARLES II. dit le Chauve, reg. 28.
DEVISE.
Pugnare & vincere doctus.
Plus ferme qu'un Rocher que rien ne peut
abattre,
J'ay sçeu vaincre par tout, dés que j'ay sceu
combattre.

5. LOUIS II. dit le Begue, regna 3.
DEVISE.
Tot per discrimina regno.
A la confusion des Peuples Etrangers,
Je regne seurement au milieu des dangers.

6. LOUIS III & CARLOMAN,
regnerent environ 6.
DEVISE.
Rara hæc concordia.
Rarement a-t-on veu dans un têps orageux,

Deux Freres mieux unis que l'on nous vit tous deux.

7. EUDES, ou ODON, regna 10. ans.
DEVISE.
Summa petit livor.

Les Grands ont mille aſſauts qui traverſent leur vie;
Mais le plus grand de tous, c'eſt celuy de l'Envie.

8. CHARLES III. dit le Simple, reg. 25.
DEVISE.
Quo nec ſincerior alter.

Jamais Roy des François, avec verité,
Plus de douceur que moy, ny de ſincerité.

9. RODOLPHE ou RAOUL, reg. 14.
DEVISE.
Summo dulcius unum ſtare loco.

Le plaiſir eſt plus doux dans un Eſtat ſupréme,
Quand un Prince y tient pied, & le regit luy-meſme.

10. LOUIS IV. dit d'Outremer, reg. 19.
DEVISE.
Terris me reddidit æquor.

Sans déguaiſner l'Epée, & ſans faire la Guerre,

J'ay passé de Thétis sur le sein de la Terre.

11. LOTHAIRE, regna 29. ans.
DEVISE.
Regnum extendimus armis.
J'ay malgré mes Rivaux, & malgré leurs tempestes,
Etendu mon Estat par diverses Conquestes.

12. LOUIS V. regna 2
DEVISE.
Terris hunc tantum ostenderunt fata.
A peine eus-je en mes mains le Sceptre des François,
Que la mort m'enleva du Trône de nos Roys.

Troisiéme Race des Roys de France, dite des Capetiens, ou Capets.

1. HUGUES CAPET, regna 9.
DEVISE.
In melius novus innovo Regnum.
Tout nouveau que je suis dans ce fameux Estat,
Je veux de mieux en mieux augmenter son éclat.

2. ROBERT, regna 33

DE FRANCE.

DEVISE.
Omnigenæ virtutis alumnus.

Instruit dans les Vertus, mes plus doux Exercices,
Furent, quand je fus Roy, de combattre les Vices.

3. HENRY I. regna   52. ans.
DEVISE.
Belli, Pacifque peritus.

Je fus expert en paix, je fus expert en guerre,
Et je paſſay pour tel, & ſur Mer & ſur Terre.

4. PHILIPPES I. regna   49.
DEVISE.
Læta dedi primordia Regni.

Mon Regne eſtant heureux dans ſes commencemens,
Euſt-il eu du malheur dans ſes derniers momens?

6. LOUIS VI. dit le Gros, regna   29
DEVISE.
Imperio, Regnoque potens.

Je fus un Roy puiſſant, l'Hiſtoire le ſçeut dire,
Puis qu'on me vit ſi loin étendre mon Empire.

6. LOUIS VII. dit le Jeune, regna   42.

DEVISE.

Solimas assertor classe redemi.

Je couvris de Vaisseaux les Fleuves & les Mers,
Pour delivrer Solime, & la tirer des fers.

7. PHILIPPES II. dit Dieu-donné, ou Auguste, regna   43.ans.
DEVISE.

Augusti refero ... gnomine dotes.

Si j'eus les qualitez & la vertu d'Auguste,
Son surnom m'estoit deû, comme celuy de Juste.

8. LOUIS VIII. regna   3.
DEVISE.

Metuendus in hæresim ultor.

J'ay fait voir aux François pour dompter l'Heresie,
Que je n'épargnois pas ny mon sang ny ma vie.

9. LOUIS IX. regna   44.
DEVISE.

Decus addidit Cælo.

Quand je quittay la Terre & volay dans les Cieux,
Je fus bien-tost au rang des Astres précieux.

DE FRANCE. 205

10. PHILIPPES III. dit le Hardy, regna　　15. ans.

DEVISE.
Quam fortis pectore & armis.

Auſſi vaillant du cœur, que je le fus des Armes,
Je ne redoutay point les plus fortes alarmes.

11. PHILIPPES IV. dit le Bel, regna　29.

DEVISE.
Fortis, cum conjuge fortis.

Comme avec ma vertu ma force fut extréme,
J'eus une Epouſe auſſi qui fut la force meſme.

12. LOUIS X. dit Hutin, regna　　18.

DEVISE.
Aſpera ſemper amans.

Je ne fis pour l'Eſtat que des choſes utiles,
Et n'entrepris jamais que les plus difficiles.

13. PHILIPPES V. dit le Long, reg.　6.

DEVISE.
Imperio potens tractare ſereno.

Un Roy ne doit agir que d'un air agreable,
Quand dans un grand Eſtat il veut ſe rendre aimable.

14. CHARLES IV. dit le Bel, regna　6.

DEVISE.
Extra formosus & intra.
Aux graces de l'esprit, joindre celles du corps,
C'est estre beau dedans aussi bien que dehors.

15. PHILIPPES VI. dit de Valois, regna 23. ans.
DEVISE.
Ramo avulso non deficit alter.
Pour un Rameau perdu, le Ciel fait cette grace,
Qu'on en voit aussi-tost naistre un autre en sa place.

16. JEAN, regna 14
DEVISE.
Vici quamquam victus.
Je fus de mon honneur tellement curieux,
Que mesme estant vaincu, j'estois victorieux.

17. CHARLES V. dit le Sage, regna 16.
DEVISE.
Immanes potui superare procellas.
J'ay dissipé l'orage, & vaincu la tempeste
Qui sembloit s'élever & gronder sur ma teste.

DE FRANCE.

18. CHARLES VI. dit le Bien-aimé, regna 42 ans.

DEVISE.

Bonus omnibus, optimus urbi.

Ma franchise envers tous fut tellement connuë,
Que l'on n'en vit jamais une plus ingenuë.

19. CHARLES VII. dit le Victorieux, regna 39.

DEVISE.

Cœlum sub Virgine faustum.

Le Ciel en mon endroit se montra favorable,
Par une Vierge un jour qui me fut secourable.

20. LOUIS XI. regna 39.

DEVISE.

Prudenti callidus arte.

Pour regner dignement, le secret d'importance,
C'est qu'un Roy doit en tout consulter sa prudence.

21. CHARLES VIII. regna 22.

DEVISE.

Viam gaudens fecisse ruinæ.

Sur le débris d'autruy la France pouvoit croire,
Que je rétablirois son bonheur & ma gloire.

22. LOUIS XII. dit le Pere du Peuple, regna 18. ans.
DEVISE.
Viditque parentem Gallia.
Dés que la France m'eut élevé sur le Trône,
Elle eut un second Pere en ma seule Personne.

23. FRANCOIS I. regna 32.
DEVISE.
In Hectora solus Achilles.
Que ne vis-je en mes jours naistre un second Hector?
J'estois pour le combattre un autre Achille encor.

24. HENRY II. regna 12.
DEVISE.
Ora impia Lege repressi.
Par mes frequens Edits pleins de severité,
J'ay triomphé du Vice & de l'Impieté.

25. FRANCOIS II. regna 18. mois.
DEVISE.
Ætas brevis aptaque Regno.
Si la mort ne m'eust pris au printemps de mon âge,
J'estois digne apres tout, de regner davantage.

CHARLES

DE FRANCE

26. CHARLES IX. regna — 14. ans.
DEVISE.
Iustitiam, Pietas æquit.
Sa Pieté Chrestienne, égala sa Justice,
Et son bras fut l'effroy des Esclaves du Vice.

27. HENRY III. regna — 15.
DEVISE.
Externæ patriam præpono coronæ.
Je prefereray la France au milieu des dangers,
Aux Sceptres glorieux des Païs étrangers.

28. HENRY IV. dit le Grand, regna — 20.
DEVISE.
Ferro mea, Regna redemi.
J'ay sauvé mon Estat par la force du fer,
Et de mes Ennemis on m'a veu triompher.

29. LOUIS XIII. dit le Juste, regna, — 33.
DEVISE.
Fidei & Regni expulit Hostes.
Ennemis de l'Estat, Ennemis de la Foy,
Vous fustes surmontez & chassez par ce Roy.

30. LOUIS XIV. dit Dieu-donné, ou Auguste, regne aujourd'huy glorieusement sur les François.

DEVISE.
Consilijs, armisque potens.

Ses Armes, son Conseil, sa Valeur sans seconde,
Le rendent plus puissant que tous les Roys du Monde.

Non plus ultra.

Remarquez, 1. Que les Femelles ne sont pas habiles à succeder à la Couronne de France, par les Loix fondamentales de l'Estat, que l'on attribuë à Pharamond, Fondateur de la Monarchie Françoise : Il semble que le Ciel ait authorisé cette sage Institution, lors que la Sainte Ecriture dit quelque part dans les Evangiles, *Que les Lys ne filent point*, & le commun Proverbe de la France dit, *Que le Royaume ne tombe point en Quenoüille*.

2. Que sous les Roys de la premiere Race, la France fut deux fois divisée en Tetrarchies, c'est à dire en plusieurs portions; ce qui arriva entre les Enfans de Clovis I. & de Clotaire son Fils : Tous s'appelloient Roys de France; mais ils adjoustoient le Nom de la Ville Capitale de leurs Estats. Il y avoit, 1. le Roy de Paris, qui possedoit les Provinces du Poitou, du Maine, de Touraine, de Champagne, d'Anjou, de Guyenne.

& d'Auvergne. 2. Le Roy de Soissons, qui avoit les Provinces de Picardie, de Flandres & de Normandie. 3. Le Roy d'Orleans, qui commandoit sur la Duché d'Orleans, sur la Bourgogne, sur le Lyonnois, sur la Provence, & sur le Dauphiné. 4. Le Roy de Mets, qui avoit sous son Empire, l'Austrasie, ou la Lorraine, & tous les Pays depuis Rheims jusques au Rhin, & au delà toute l'Allemagne de l'ancien patrimoine de nos Roys. Aujourd'huy ce partage ne se fait plus ; mais l'on donne des Appannages aux Fils de France, à condition de retour à la Couronne à faute d'Enfans masles. Ces Appannages sont des Duchez affectez pour cela, comme ceux d'Orleans, d'Anjou, d'Alençon, de Valois, & autres.

3. Que depuis Clovis I. tous les Roys de France ont esté Catholiques Romains, & on n'en reçoit point d'autre Religion. Ils portent le Titre de Fils Aisnez de l'Eglise, en consideration des grands services qu'ils ont rendus en divers temps au Saint Siege, & aux Papes. Alexandre IV. & sept autres Papes consecutivement, ont donné à nos Roys le Privilege de ne pouvoir pas estre interdits.

4. Que les Roys de France sont Majeurs à l'âge de 14. ans, par Ordonnance de Charles V. dit le Sage.

5. Que les Fleurs de Lys furent reduites au nombre de trois par Charles VI. dit le Bien-aimé, au lieu qu'auparavant elles estoient sans nombre.

6. Que les Gaules changerent leur Nom en celuy de France, sous le Regne de Meroüée troisiéme Roy de la premiere Race, lequel apres la défaite d'Attila Roy des Huns, dans les Plaines de Châlons sur Marne, fixa son Siege à Paris.

7. Que Charles VII. fut le premier qui confia sa Personne à la garde des Escossois, qui subsistent encore aujourd'huy sous le nom de Gardes de la Manche.

8. Que Louis XI. a esté le premier qui a attiré les Suisses dans l'Alliance de France; & encore aujourd'huy il y a dix Compagnies Suisses dans le Regiment des Gardes du Roy, outre les cent Suisses qui portent la Toque de velours, & qui sont dans le nombre des Gardes du Corps; mais ils ne paroissent que dans les Ceremonies particulieres, & accompagnent le Roy à pied, avec une Pertuisanne sur l'épaule.

Des principaux Officiers de la Maison du Roy & Couronne de France.

APres avoir donné à Messieurs les Etrangers l'idée generale de nos Roys & du Royaume de France, il est temps que je les informe des principaux Officiers qui servent dans leurs Palais, & qui sont commis aux plus importantes Charges de l'Estat.

Des Officiers de la Maison du Roy.

Il y a de deux sortes d'Officiers chez le Roy, dont les uns sont Ecclesiastiques, & les autres Laïcs, dont nous parlerons par ordre.

Des Officiers Ecclesiastiques de la Maison du Roy.

Du Grand Aumosnier de France.

Le Grand Aumosnier de France est Chef du Clergé de la Maison du Roy: Il est né Commandeur des Ordres de Sa Majesté,

& il reçoit leur Profession de Foy, de mesme que le Serment de fidelité des Aumosniers servans, des Chapelains, des Clercs de Chapelle & Oratoire du Roy, du Confesseur du commun, & autres: Il délivre les Prisonniers à qui le Roy fait Grace en veuë de son Avenement à la Couronne, en faveur de son Sacre, & Couronnement des Reynes, de son Mariage, de sa premiere Entrée dans les Villes du Royaume, de la Naissance des Enfans de France, des Festes Solemnelles, & pour d'autres raisons considerables. Il distribuë le fonds destiné pour les Aumosnes du Roy, & baptise les Dauphins, les Fils & Filles de France, de mesme que ceux dont les Roys, les Reynes & les Enfans de France sont Parains & Maraines: Il fiance & marie au Louvre les Princes & Princesses.

Outre ces fonctions qui regardent la Maison du Roy, il pourvoit à toutes les Maladreries du Royaume, & a l'Intendance sur plusieurs Hospitaux, de mesme que sur les dix-sept Lecteurs du Collège Royal.

Il a sous luy plusieurs autres Officiers Ecclesiastiques; comme le Premier Aumosnier, huit Aumosniers servans par quartier, & huit Clercs de Chapelle.

Il y a encore le Maistre de l'Oratoire du

Roy, qui est ordinairement un Evesque, & le Maistre de la Chapelle & Musique du Roy, qui a sous soy huit Chapelains, & cinq Clercs pour les grandes Messes, quatre Maistres de Musique servans par quartier, & un Compositeur de Musique.

Voila à peu pres ce qui regarde le Clergé de la Maison du Roy. Voyons en suite les Officiers Laïcs.

Des Officiers Laïcs de la Maison du Roy.

Du Grand Maistre.

La Charge du Grand Maistre de la Maison du Roy, est d'une grande étenduë: Il commande sur tous les Officiers de la bouche, & a sous sa Jurisdiction le Premier Maistre d'Hostel, un Maistre d'Hostel ordinaire, douze Maistres d'Hostel servans par quartier, trente-six Gentilshommes servans aussi par quartier. Le grand Pannetier, le grand Eschanson, le grand Escuyer-Tranchant; & enfin tous les Officiers subalternes à ceux-cy, commis pour le manger & boire du Roy.

Du *Grand Chambellan.*

Le Grand Chambellan a sous sa Jurisdiction tous les Officiers destinez au service de la Chambre du Roy, dont les principaux sont les quatre premiers Gentils-hommes de la Chambre, qui ont le gouvernement & la conduite des vingt-quatre Pages de la Chambre: Les autres sont les quatre premiers Valets de Chambre. Seize Huissiers de Chambre servans par quartier: deux Huissiers ordinaires de l'Antichambre, deux Huissiers du Cabinet, trente-deux Valets de Chambre, dont huit servent tous les quartiers, douze Porte-Manteaux, servans aussi par quartier, deux Porte-Arquebuses, huit Barbiers, huit Tapissiers, quatre Orlogers, & autres de moindre consequence.

Lors que le Roy entre en Parlement, pour y tenir son Lit de Justice, le Grand Chambellan est assis à ses pieds, sur un Carreau de velours violet, couvert de Fleurs de Lys; & dans les Audiances des Ambassadeurs, il a sa place derriere le Fauteüil du Roy, le premier Gentilhomme de la Chambre estant à sa droite, & le Grand Maistre de la Garderobe à sa gauche.

Du Grand Maistre de la Garderobe.

Le Grand Maistre de la Garderobe du Roy, a sa jurisdiction sur tous les Officiers qui prennent le soin des Habits, du Linge & de la Chaussure de Sa Majesté. Les principaux sont les deux Maistres de la Garderobe, les quatre premiers Valets de Garderobe servans par quartier, seize autres Valets de Garderobe, un Porte-Malle, trois Tailleurs, & autres moins considerables.

Dépendances de la Chambre du Roy.

Il y a encore plusieurs Officiers qui sont comme des dépendances de la Chambre du Roy, dont je n'ay pas voulu dérober la connoissance a Messieurs les Etrangers, afin qu'ils soient pleinement instruits de l'éclat & de la grandeur de la Cour de nos Roys.

Les principaux sont vingt-quatre Gentils-hommes ordinaires de la Maison du Roy, qui s'en sert pour negocier ses affaires dans les Païs Etrangers, pour porter ses volontez dans les Cours Souveraines, pour aller complimenter les Princes Souverains, & pour d'autres fonctions fort honnorables. Les quatre Secretaires du Cabinet: le Bibliothequaire du Cabinet des Livres pour la Personne du Roy : deux Lecteurs de la Chambre & Cabinet du Roy : le Garde du Cabinet des Armes, le Garde du Cabinet des Antiques, deux Vols de la Chambre du Roy, l'un pour les Champs, & l'autre pour Pie : Les Trompettes & Tambours de la Chambre : les Garde-Meubles de la Chambre du Roy, les Musiciens de la Chambre, où il y a deux Sur-Intendans, & deux Maîtres des Enfans de la Musique, un Compositeur & plusieurs Chantres : la grande Bande des vingt-quatre Violons, les petits Violons au nombre de vingt & un : un premier Medecin, huit Medecins servans par quartier : un premier Chirurgien : Chirurgien ordinaire, huit Chirurgiens servans par quartier : quatre Apotiquaires qui ont quatre Aides. Tous ces Officiers en ont d'autres sous eux, qui ne ne sont pas assez considerables pour arrester plus long-temps Messieurs les Etrangers dans la Chambre du Roy, d'où je les conduiray dans ses Escuries.

Du Grand Escuyer.

Il y a la grande & petite Escurie, où sont les Chevaux destinez pour le service du Roy. Le Grand Escuyer a soin de la grande, & commande sur tous les Officiers de ladite

Escurie, dont les principaux sont, le premier Escuyer de la grande Escurie, deux Escuyers ordinaires, deux Sous-Escuyers: cinquante quatre Pages, qui sont instruits dans toutes sortes d'Exercices: un Gouverneur des Pages, un Sous-Gouverneur, un Precepteur, un Argentier Proviseur: quarante-deux Valets de pied, huit Fourriers, dix Conducteurs des Coches, Carrosses & Chariots, huit Mareschaux de Forge, quarante Palfreniers, & quantité d'autres destinez pour le service des Officiers de la grande Escurie.

Dans les grandes Ceremonies, le Grand Escuyer marche immediatement devant le Roy, & porte l'Epée Royale de Sa Majesté dans un fourreau de velours bleu, semé de fleurs de Lys d'or, penduë au Baudrier de mesme: C'est au grand Escuyer d'ordonner de tous les fonds qui sont employez aux dépenses des Escuries du Roy, des Casaques des Mousquetaires du Roy, des Hoquetons & Casaques des Gardes du Corps, des Gardes de la Porte, des Archers du grand Prevost, & des Habits des Cent Suisses de la Garde de Sa Majesté. Tous les Chevaux de l'Escurie & Haras, & tous les Harnois & Meubles appartiennent au grand Escuyer, lors que le Roy vient à mourir.

Du Premier Escuyer.

Le premier Escuyer a l'Intendance de la petite Escurie, où sont les Chevaux dont le Roy se sert ordinairement. Il a sous sa domination tous les Officiers de ladite Escurie, dont les principaux sont, vingt Escuyers servans par quartier, un Escuyer ordinaire, les Pages de la petite Escurie, un Gouverneur, un Precepteur & autres : un Maistre d'Exercices pour les Pages, un Argentier, quatre Fourriers servans par quartier, dix-sept Valets de pied, quatre Mareschaux de Forge, & plusieurs autres destinez pour le service des Officiers de ladite Escurie.

L'Escuyer qui est de jour se doit trouver au réveil du Roy, pour recevoir ses ordres: Il porte son Epée quand il sort du Louvre, & l'accompagne par tout, suivant toûjours immediatement son Carrosse, ou son Cheval : Il donne la main au Roy, quand il a besoin d'aide en montant ou descendant de Carrosse, ou de Cheval : Enfin c'est une Charge fort honnorable, qui oblige ceux qui la possedent de se tenir toûjours auprès du Roy.

Remarquez que les Pages & Valets de pied de la grande Escurie, ont le galon de leurs manches en bracelet; & ceux de la petite le portent en quille, ou de haut en bas.

De la Garde du Roy.

La Garde du Roy est composée de plusieurs Corps, tant de Cavalerie que d'Infanterie, dont les uns sont dans le Louvre & les autres au dehors. Les Gardes qui demeurent dans le Louvre, sont les quatre Compagnies des Gardes du Corps, Escossois & François, les Cent Suisses, les Gardes de la Porte. Ceux du dehors du Louvre, sont la Compagnie des Gensd'armes, la Compagnie des Chevaux Legers, les deux Regimens des Gardes François & Suisses, les deux Compagnies des Mousquetaires, les Cent Gentilshommes au Bec de Corbin. Nous allons parler de tous par ordre.

Des quatre Compagnies des Gardes du Corps.

Les Capitaines & autres Officiers des Gardes du Corps, portent tous le Baston dans la Maison du Roy, & l'accompagnent tout le jour, soit à pied, soit à Cheval.

De ces quatre Compagnies, la premiere est celle des Escossois, dans laquelle on comprend les vingt-cinq Gentilshommes Gardes de la Manche, dont deux sont toûjours à costé du Roy, quand il est dans les Eglises, ou quand il mange seul: Ils sont alors revestus de leurs Hoquetons blancs, semez de papillettes d'or & d'argent, tenans leurs Pertuisannes frangées d'argent, à la lame damasquinée. Ils ont soin de fermer les Portes du Louvre le soir à six heures, dont ils portent les Clefs à l'Officier Escossois, & le lendemain à la mesme heure ils les vont querir pour les ouvrir. Dans les grandes Ceremonies il y a toûjours six Gardes de la Manche qui sont autour du Roy, qui l'accompagnent par tout. Dans les Entrées que le Roy fait dans les Villes de son obeïssance, il est deub à chacun des deux Gardes de la Manche qui sont en quartier, une Epée d'argent, de mesme que quand les Evesques font le Serment de fidelité au Roy pendant la Messe. Ils portent devant & derriere sur leurs Hoquetons une Masse d'Hercules, avec ces paroles tout autour. *Erit quoque. Hæc cognita Monstris.*

Le Capitaine des Gardes qui est en quartier, ne quitte point le Roy depuis son lever jusques à son coucher, & marche toûjours immediatement apres Sa Majesté. Il est logé dans le Louvre, dont il garde les Clefs la nuit sous le chevet de son Lit. Dans les Audiances publiques des Ambassadeurs, le

Capitaine des Gardes qui est en quartier les va prendre à l'entrée de la grande Salle, & les conduit jusques à la Chambre où est Sa Majesté. Apres l'Audiance il les reconduit jusques au mesme endroit.

Des Cent Suisses.

Le Capitaine Colonel des Cent Suisses de la Garde du Corps de Sa Majesté, dans les jours de Ceremonie, marche devant le Roy; & le Capitaine des Gardes du Corps François, derriere. Les Cent Suisses marchent à costé de son Carrosse, portans sur leur teste une Toque de velours.

Les Cent Suisses jouïssent des mesmes Privileges que les François. Ils peuvent acquerir, heriter, disposer de leurs biens par Ventes, Testamens & Donation entre-vifs. Eux, leurs Vefves & Enfans, sont francs de toutes Tailles, Subsides & Impositions.

Des Gardes de la Porte.

Il y a cinquante Gardes de la Porte, qui font garde à toutes les avenuës du Louvre, depuis six heures du matin, jusqu'à six heures du soir qu'ils sont relevez par les Gardes du Corps Escossois & François jusques au lendemain à la mesme heure. Ils portent deux Clefs en broderie sur leurs Bandolieres, & sur leurs Iuste-à-corps ils ont deux galons d'argent en onde.

Ces mesmes Gardes de la Porte ont soin de voir ceux qui ont droit d'entrer dans le Louvre en Carrosse, comme sont tous les Princes & Princesses, les Cardinaux, les Ambassadeurs, les Ducs & Pairs & Mareschaux de France; leurs Femmes ont le mesme Privilege, & ont le Tabouret chez la Reyne.

Des Gens-d'Armes de la Garde du Roy.

La Compagnie des Gens-d'armes de la Garde du Roy, est composée de deux cens Maistres, qui servent par quartier. Ils peuvent disposer de leurs Charges, & accompagnent le Roy lors qu'il va à la Campagne. La Devise de leur Enseigne & Guidon, sont deux Foudres qui tombent du Ciel, avec ces paroles, *Quo jubet iratus Iupiter.*

Des Chevaux-Legers de la Garde du Roy.

La Compagnie des Chevaux-Legers de la Garde du Roy, est composée de deux cens Maistres, qui servent par quartier, de mesme que les Gens-d'armes. Les places des

Chevaux Legers sont remplies par des Officiers reformez, à qui le Roy les donne pour récompense.

Du Regiment des Gardes.

Le Regiment des Gardes est composé de trente Compagnies Françoises, & de dix Compagnies Suisses, qui gardent les dehors de la Maison du Roy. Les Capitaines & autres Officiers du Regiment des Gardes François qui ont ordre de porter le Haussecol, le portent doré; mais ceux des Suisses le portent couvert d'argent.

Quand le Roy ou la Reyne entrent au Louvre, ou bien qu'ils en sortent, les Gardes François & Suisses se mettent sous les armes en haye, les François à droit & les Suisses à gauche.

Des Mousquetaires de la Garde du Roy.

Il y a deux Compagnies de Mousquetaires à Cheval qui accompagnent le Roy dans tous ses Voyages. Ceux de la premiere Compagnie sont montez sur des Chevaux blancs; & ceux de la seconde sur des noirs : Chaque Compagnie est composée de deux cens cinquante Hommes, dont le Chef ou Capitaine-Lieutenant se trouve tous les soirs auprés du Roy, pour recevoir ses ordres.

Des Cent Gentilshommes au Bec de Corbin.

Il y a aujourd'huy deux Compagnies de Gentilshommes au Bec de Corbin, dont chacune est composée de cent Hommes. Dans les grandes Ceremonies ils marchent devant le Roy, le Bec de Corbin ou Faucon à la main, qui est un certain Baston qu'ils portent. A un jour de Bataille ils doivent se tenir auprés la personne du Roy, pour une plus seure garde. Voila ce qui est de la Garde du Roy. Voyons les autres Officiers de sa Maison.

Du Grand Prevost de France.

Le Grand Prevost de France, ou Prevost de l'Hostel, est le Iuge ordinaire de la Maison du Roy, qui juge de toutes les matieres Civiles & Criminelles entre les Officiers du Roy, & ceux qui ont quelque different auec eux. Il a ses Iuges particuliers pour rendre la justice à tous les Officiers de la Maison du Roy, & Suite de Sa Majesté.

Quand le Roy est en Voyage, c'est le

grand Prevost qui met le prix au Pain, au Vin, à l'Avoine, au foin, & autres Denrées necessaires pour la vie des Hommes & des Chevaux.

Outre ces Officiers que l'on appelle de Robe-longue, le grand Prevost a une Compagnie de cent Gardes, qu'on appelle les Gardes de la Prevosté de l'Hostel, qui portent le Hoqueton d'Orfevrie, dont le fonds est des couleurs du Roy, incarnat, blanc & bleu, avec la Devise de Henry le Grand, au tour d'une Masse d'Hercules. *Erit hæc quoque cognita Monstris.* Ces Gardes vont & viennent dans la Maison du Roy, pour en chasser les Personnes suspectes, & recevoir ses ordres pour faire quelques captures, soit dans ou hors Paris.

Du Grand Mareschal des Logis.

Le grand Mareschal des Logis reçoit les ordres du Roy pour les Logemens de la Cour, & commande sur douze Mareschaux de Logis, sur quatre Fourriers du Corps, qui ont seuls le pouvoir de poser la Craye dans l'Appartement du Roy, accompagnez du Mareschal de Logis qui est en quartier, & sur quarante Fourriers ordinaires, servans dix par quartier.

Apres les Mareschaux des Logis & Fouriers, suit le Capitaine des Guides, qui doit se tenir à l'une des portieres du Carrosse du Roy, lors qu'il va en Campagne, pour l'informer du nom des Lieux où Sa Majesté passe, lors qu'elle le souhaite. Il a toûjours deux Guides à Cheval, pour la conduite de Sa Majesté, qui marchent à la teste des Chevaux-Legers, & qui sont vestus des couleurs du Roy.

Du Grand Maistre des Ceremonies, des Aydes, & des Introducteurs des Ambassadeurs.

Le Grand-Maistre des Ceremonies a sous luy un Maistre, & un Ayde de Ceremonie, qui exercent leurs Charges dans les solemnitez Royales comme au Sacre des Roys, Baptesmes & Mariages, Obseques & Pompes funebres des Roys, des Reynes, des Princes, des Princesses, & des Ambassadeurs, où ils ordonnent des préseances que chacun doit avoir.

Lors qu'ils sont envoyez du Roy vers les Cours Souveraines, pour leur annoncer ses volontez, apres les avoir saluées, le Grand Maistre des Ceremonies prend place au dessus du dernier Conseiller ; Mais le Maistre & l'Ayde des Ceremonies se placent apres le dernier : Ensuite le Premier President luy ayant fait signe, il parle assis & couvert, tenant le Baston de Ceremonie en main, qui est couvert de velours noir, le bout & le pommeau d'yvoire.

Dans les Audiances des Ambassadeurs, le Maistre des Ceremonies avertit les Gardes du Corps & les Cent Suisses; & lors que les Ambassadeurs arrivent dans la Cour du Louvre, le Grand Maistre, ou le Maistre des Ceremonies les reçoit, & prend la droite, & l'Introducteur des Ambassadeurs la gauche, & marchent ainsi jusques à la Salle des Gardes du Corps, où le Capitaine les prend pour les conduire dans la Salle des Audiances.

Les Introducteurs des Ambassadeurs, qui sont deux, servans par semestre, reçoivent tous les Ambassadeurs, Residens, Agens & Envoyez des Princes Etrangers, & les introduisent dans la Chambre de leurs Majestez, des Enfans de France, & de tous les Princes & Princesses.

Du Grand Veneur.

Le Grand Veneur a la sur-intendance sur tous les Officiers de la Venerie du Roy, dont les principaux sont, quatre Lieutenans de la Venerie, servans par quartier; quatre

Sous-Lieutenans aussi servans par quartier; quarante-deux Gentilshommes de la Venerie, dix à chaque quartier; & sur tous les Valets des Chiens, qui sont en grand nombre, & autres Officiers de la Venerie, qu'il seroit inutile pour Messieurs les Etrangers de specifier icy.

Quand le Roy va à la Chasse, il a auprés de luy le Porte-Arquebuse, qui luy donne les armes chargées. Lors qu'il est question de courre, les Capitaines des Meuttes presentent le Baston blanc, ou la Baguette au grand Veneur, qui la donne au Roy; & lors que le Cerf, ou autre Gibier est pris, le Piqueur en coupe le pied, qu'il donne à son Capitaine, & le Capitaine le met entre les mains du Grand Veneur qui le presente au Roy.

Du Grand Fauconnier.

Le Grand Fauconnier a le commandement sur tous les Vols des Oyseaux, pour Milan, pour Heron, pour Corneille, sur un Vol pour les Champs, sur un Vol pour Riviere, sur un Vol pour Pie, & autres: Il y a plusieurs Officiers de la Fauconnerie; car chaque Vol a un Chef: Il y a un Mareschal de Logis, qui va ordinairement prendre les ordres du Roy, lors que Sa Majesté desire aller à la Chasse : deux Fourriers, & plusieurs autres de moindre importance, qui dépendent tous du grand Fauconnier.

Du Grand Louvetier.

Le Grand Louvetier a la Sur-Intendance de la Chasse du Loup, & sur tous les Officiers qui en dépendent, dont les principaux sont un Lieutenant & un Sous-Lieutenant de la Louveterie, qui ont sous eux les Valets, les Garçons & les Gardes des grands Levriers de la Louvererie, & plusieurs autres personnes commises à ladite Chasse du Loup.

Voila à peu pres tout ce qui se peut dire des Officiers de la Maison du Roy; passons à ceux de la Couronne.

Officiers de la Couronne de France.

LE nombre des Officiers de la Couronne de France ne sont pas en si grand nombre que ceux de la Maison du Roy, mais ils sont tres-considerables, & Messieurs les Etrangers me sçauront bon gré que je leur en donne la connoissance, afin qu'ils n'ignorent rien de ce qui fait l'éclat de la Monarchie Françoise. On compte entre les Officiers de la Couronne, le Connestable & Mareschaux de France. Les Colonels Generaux de l'Infanterie & de la Cavalerie. Le Grand-Maistre de l'Artillerie, le Grand Admiral, & le General des Galeres. Dans la Robe, il y a le Chancelier de France qui est Chef de tous les Conseils du Roy, dont nous parlerons par ordre.

Du Connestable & des Mareschaux de France.

La Charge de Connestable fut supprimée l'an 1627. apres la mort du Duc de Lesdiguieres, qui l'exerçoit. Le Connestable tient le premier rang entre les Officiers de la Couronne: Il est le Chef de toutes les Armées de France, & tient rang immediatement apres les Princes du sang dans le Parlement, & autres Assemblées publiques. Dans les Entrées des Roys le Connestable marche le premier devant Sa Majesté à main droite, tenant l'Epée nuë; & quand l Roy tient son Lit de Iustice, ou les Estats Generaux de son Royaume, il est assis devant luy à main droite.

Le Connestable n'estoit autrefois que ce qu'est aujourd'huy le Grand Escuyer, & on l'appelloit *Comes stabuli*; mais son pouvoir qui

qui s'est accrû peu à peu, n'estoit pas d'une si grande étenduë qu'il a esté ensuite, principalement du temps de Mathieu de Montmorency, qui éleva cette Charge au poinct qu'elle a toûjours esté, depuis que les Connestables ont eu droict de commander sur tous les Gens de Guerre, mesme sur les Princes du Sang, pour avoir gagné la Bataille de Bovines sous Philippes Auguste, contre l'Empereur Othon, & le Roy d'Angleterre, qui estoient liguez ensemble.

Le Connestable a sa jurisdiction particuliere, qu'on nomme la Connestablie & Mareschaussée de France, qui est aujourd'huy entre les mains des Mareschaux de France, qui estoient autrefois les Lieutenans du Connestable : Il y a toûjours à l'Armée un Prevost de la Connestablie, qui connoist de tous les excez des Gens de Guerre, & sur les Espions, Traitres & Deserteurs d'Armée.

Les Mareschaux de France, qui estoient autrefois sous le Connestable, ne dépendent aujourd'huy que de la Couronne, & prestent le Serment de fidelité au Roy. Cette Charge n'est point hereditaire, & le Roy y éleve ceux qui ont rendu quelque service considerable à l'Estat. Le plus ancien Mareschal de France fait la Charge de Connestable. Quand le Roy honnore quelqu'un de ses Sujets de cette Dignité, il luy met entre les mains, ou bien il luy envoye un Baston d'azur, semé de Fleurs de d'or, qui est la marque du Commandement qu'ils ont sur les Armées.

Dans toutes les Provinces ils ont des Prevosts, qu'on appelle, les Prevosts des Mareschaux, qui sont leurs Juges & ont jurisdiction sur tous les Vagabons & Gens non domiciliez, sur les Voleurs des grands chemins, les Incendiaires, les Faux-Monnoyeurs & Assassins.

Anciennement il n'y en avoit que deux: Sous Charles VII. il y en eut quatre, François I. en adjousta un cinquiéme, Henry IV. en crea encore trois, Louis XIII. n'en limita point le nombre, & aujourd'huy le Roy en a creé plusieurs qui exercent glorieusement cette Charge.

Des Colonels Generaux de l'Infanterie & Cavalerie de France.

La Charge de Colonel General de l'Infanterie a esté supprimée l'an 1661. aprés la mort de feu Monsieur le Duc d'Espernon, qui l'exerçoit: Il commandoit generalement sur tous les Gens de pied, dont les principaux Regimens sont les deux des Gardes François & Suisses qui ont leur Colonel General particulier ; les six Corps qui font les Regimens de Picardie, de Champagne, de Piedmont, de Navarre, de Normandie & de la Marine : Les six petits vieux Corps, qui sont ceux d'Auvergne, de Silly, de Rambures, de Sault, d'Epagny & d'Arbouville.

Outre ces Regimens qui sont toûjours entretenus, soit en temps de Paix, soit en temps de Guerre, il y en a plusieurs autres que le Roy leve & casse selon la necessité de ses affaires, qui portent le Nom de leurs Mestres de Camp.

Le Roy a encore plusieurs Regimens d'Infanterie étrangere, d'Allemans, d'Escossois, d'Irlandois, d'Italiens, de Liegeois & autres.

Le Colonel General de la Cavalerie Legere de France, commande sur tous les Hommes à Cheval, dont chaque Regiment a son Mestre de Camp particulier, dont il prend le nom. On peut diviser toute la Cavalerie Françoise, en Gens-d'Armes, Chevaux-Legers & Dragons. Les Gens-d'Armes sont en grand nombre ; car le Roy, la Reyne, Monseigneur le Dauphin, Monsieur le Duc d'Orleans, les Princes du Sang, & mesme quelques Mareschaux ont une Compagnie de Gens d'Armes : Il y en a une particuliere des Escossois, dont le commandement appartient au deuxiéme Fils d'Angleterre.

Des Chevaux-Legers il y en a aussi plusieurs Compagnies; car le Roy, la Reyne, Monseigneur le Dauphin, Monsieur le Duc d'Orleans & les Princes du Sang en ont chacun une, & outre cela il y a plusieurs Particuliers à qui le Roy accorde cette grace.

Pour des Dragons, il n'y en a que deux Regimens, celuy du Roy, & celuy de Monsieur le Mareschal de la Ferté Senecterre. Il y a encore deux Compagnies de Carabins qui sont à Cheval, outre les deux Compagnies de Mousquetaires dont nous avons parlé. Quittons les Mousquets, les Carabines & les Pistolets, pour entrer dans l'Arcenal, & y voir ces Instrumens de Guerre, qui font si grand bruit, & dont les Souverains se servent pour se faire justice à eux mesmes.

Du Grand Maistre de l'Artillerie de France.

Avant l'Invention de la Poudre, il y avoit en France le Grand Maistre des Arbalestriers & Cranequiniers, qui avoit l'Intendance de toutes les Machines de Guerre pour enfoncer les Murailles & les Portes des Villes: Ensuite il y eut un Capitaine General des Poudres & de l'Artillerie; mais Henry le Grand érigea cette Charge en Office de la Couronne, l'an 1610. sous le Titre de Grand Maistre, en faveur du Duc de Sully son Favory.

Le Grand Maistre de l'Artillerie de France, a la Sur-Intendance sus les Poudres & Salpestres, & sur tous les Officiers de l'Artillerie, comme sont les Canonniers, les Pionniers, les Charrons, les Cordiers, & autres de moindre importance. Il a ses Lieutenans dans les Armées, & c'est luy qui fait faire les Travaux aux Sieges des Villes, & fait faire les Poudres, fondre l'Artillerie, & a le soin des Tentes & Pavillons de l'Armée. Sa Jurisdiction qui est à l'Arsenal de Paris, s'étend sur tous les Arcenaux de France. C'est assez avoir esté sur Terre, allons nous un peu promener sur la Mer.

Du Grand Admiral de France, & du General des Galeres.

Il y avoit autrefois plusieurs Admiraux de France, qui avoient leurs Jurisdictions separées & indépentantes les unes des autres; car la Normandie, la Bretagne, la Guyenne & la Provence, avoient leurs

Admiraux particuliers. Aujourd'huy il n'y en a qu'un qui commande sur les Armées Navales, de mesme que le Connestable sur celles de terre : Il est appellé Grand Maistre des Mers, Chef & Sur-Intendant General du Commerce & Navigation de France, qui connoist de tous les diferens des Gens de Marine, & a sa jurisdiction à la Table de Marbre du Palais. Il a sous luy plusieurs autres Officiers, comme le Vice-Admiral, deux Lieutenans Generaux des Armées Navales, quatre Chefs d'Escadre, deux Intendans de la Marine, un Secretaire General de la Marine, les Controlleurs de la Marine, & plusieurs autres de moindre importance.

Le General des Galeres commande sur la Mer Mediterrannée, où est assise Marseille, qui est le Port, dans lequel les Galeres de France sont entretenuës. Il a la Sur-Intendance non seulement des Galeres, mais encore des Galiotes, des Fregates, des Eustes & des Brigantins qui sont sur la Mer du Levant.

Il y a long-temps que nous sommes parmy les Gens de Guerre, quittons l'Épée pour prendre la Robe, & entrer dans les Conseils du Roy.

Du Chancelier de France, & des Conseils du Roy.

LE Chancelier de France est Chef de la Iustice, & de tous les Conseils du Roy, ce qui nous donnera lieu d'en parler. Dans les Seances du Roy au Parlement, il est assis devant Sa Majesté à sa main gauche, & le Connestable à la droite, comme nous avons dit; mais c'est luy qui expose les volontez du Roy, revestu d'une Robe de velours noir, doublée de panne cramoisine, le Mortier en teste comblé d'or, & orné de pierres précieuses. Il est Dépositaire des Sceaux de France, dont il scelle les Dons & Graces accordées par Sa Majesté, & les Arrests rendus dans les Conseils du Roy, qui sont le Conseil d'Enhaut, le Conseil d'Estat, le Conseil des Finances, & le Conseil Privé des Parties. Autrefois le Chancelier estoit appellé Grand Referendaire, & Garde de l'Anneau & Scel Royal. Quand le Chancelier est absent ou disgracié, le Roy commet la Garde des Sceaux de France à qui bon luy semble, qui a la mesme authorité, & est appellé Garde des Sceaux; mais ce n'eſt qu'une Commiſſion que Sa Majeſté revoque ſelon ſon bon plaiſir, au lieu que le Chancelier ne perd ſa Charge qu'avec la vie.

Du Conſeil d'Enhaut.

Le Conſeil d'Enhaut, où les plus importantes Affaires du Royaume ſe décident, eſt compoſé de telles Perſonnes qu'il plaiſt au Roy, & perſonne n'y entre que ceux qu'il luy plaiſt d'y admettre, pour recevoir leurs Avis. Le Chancelier en eſt toûjours le Chef; & les Princes du Sang & Secretaires d'Eſtat, ou des Commandemens du Roy, qui ſont quatre en nombre, y ont ordinairement ſeance.

Du Conſeil d'Eſtat.

Le Conſeil d'Eſtat eſt compoſé du Chancelier, des quatre Secretaires d'Eſtat, & de pluſieurs Conſeillers d'Eſtat qui ſervent par Semeſtre. Ces Conſeillers d'Eſtat ſont des Officiers qui ont ſervy long-temps, ou dans les Parlemens, ou dans le Grand Conſeil, ou dans le Corps des Maiſtres des Requeſtes, ou dans les Negotiations vers les Princes & Eſtats Etrangers. Les Secretaires d'Eſtat font le Rapport dans ce Conſeil, des Affaires des Provinces & autres, dont il faut font faire en suite les Expeditions necessaires.

Du Conseil des Finances.

Outre le Chancelier, Sur-Intendant, dont la Commission a esté supprimée, les Directeurs, le Controlleur General, & les Intendans des Finances, le Roy admet dans ce Conseil ceux qu'il luy plaist, qui sont ordinairement des Conseillers d'Estat experimentez dans toutes les Affaires qui regardent les Finances du Royaume : On y traite de la Recepte generale des Fermes, Bois, Domaines, & autres Deniers de toute sorte de nature : Il y a encore dans ce Conseil deux Secretaires ; & au lieu des trois Tresoriers de l'Epargne qu'il y avoit, le Roy a étably un Garde du Tresor Royal qui en fait la fonction.

Du Conseil Privé des Parties.

Ce Conseil se tient le Mardy & le Vendredy, pour décider les Diferends qui naissent entre des Particuliers, pour Récusation de Juges, ou pour des Affaires de Ville à Ville, que ledit Conseil a évoqué à soy. Il est composé du Chancelier, des Conseillers d'Estat, & des Maistres des Requestes qui servent par quartier, & font le Rapport de toutes les Affaires. Tous les Maîtres des Requeftes enfemble qui fervent au Confeil des Parties, n'ont qu'une voix; mais chaque Confeiller d'Eftat a la fienne particuliere, & le Chancelier en a deux. Il y a encore dans ce Confeil des Greffiers & Advocats pour les Affaires qui s'y traittent.

Les Maîtres des Requeftes qui n'eftoient autrefois que deux, & en fuite quatre, pour recevoir à la porte de la Maifon du Roy, les Requeftes & les Supplications que l'on luy prefentoit, fe font fort augmentez en nombre. La Charge en eft belle & fort honnorable, en ce qu'ils font du Corps de la Chancellerie, & font envoyez dans les Provinces pour prendre garde à ce que la Juftice y foit bien exercée, fous le nom d'Intendans de Juftice : Ils ont de grands Privileges dans les Provinces, & ont feance dans les Parlemens, immediatement apres le Doyen. Quand ils arrivent dans une Ville où il y a Parlement, ou autre Juftice fubalterne, on leur porte les Sceaux.

Des Officiers de la Chancellerie.

Le Chancelier n'eft pas feulement Chef des Confeils du Roy; mais auffi le Chef de la Chancellerie, où il y a quantité d'Officiers, dont les principaux font les quatre

Grands Audianciers qui examinent les Lettres à sceller, quatre Controlleurs Generaux de l'Audiance de la Chancellerie de France, qui prennent garde qu'il ne soit mis devant le Chauffecire aucunes Lettres que celles qui ont esté accordées par le Chancelier; quatre Gardes des Rolles des Offices de France, qui ont les Regiſtres de tous les Offices du Royaume, & reçoivent les oppositions au Sceau pour l'expedition desdites Offices: Il y a encore plusieurs Secretaires, Greffiers, Chauffecires, Huissiers & autres Officiers de moindre importance.

Voila ce qu'il y a de plus remarquable à considerer pour tout ce qui regarde les Officiers de la Maiſon du Roy & Couronne de France. Je n'ay pas voulu borner icy mon Ouvrage, & j'ay crû qu'il eſtoit plus à propos de le finir par une briefve Deſcription du Royaume, que je fais ſuivre.

Table Chorographique du Royaume de France.

Apres avoir fait voir aux Etrangers tout ce qu'il y a de conſiderable dans toutes les Villes de leur route, j'ay crû qu'ils ne ſe sentiroient pas defobligez que je les promenaffe dans le Royaume de France, & que je leur donnaffe une exacte Defcription des Provinces qui la compofent.

Avant de paffer plus outre, il ne fera pas hors de propos d'avertir Meffieurs les Etrangers, que du temps des Romains, la France qu'ils nommoient Gaule, fe divifoit en Cifafpine & Tranfalpine : La Cifafpine, qu'ils appelloient Togate, comprenoit les Païs que les Gaulois occupoient dans l'Italie ; Sçavoir, la Lombardie, aujourd'huy Duché de Milan, le Piedmont, la Suiffe & le Païs des Grifons : La Tranfalpine comprenoit tout ce qui eft au deça des Alpes, qui à leur égard eft au delà.

La Gaule Tranfalpine fe divifoit en Bracquate & Comate ; La Bracquate ou Narbonnoife, ainfi appellée d'une certaine façon d'habits que fes Peuples portoient, comprenoit la Provence, le Languedoc, le Dauphiné & la Savoye : La Comate ou Cheveluë, ainfi dite des longs cheveux que fes Peuples portoient, fe divifoit en Celtique, Belgique & Aquitaine : La Gaule Celtique ou Lyonoife, comprenoit tous les Païs qui font entre la Riviere de Garonne, les Alpes, & la Mer Oceane. La Gaule Belgique comprenoit tous les Païs qui font entre les Rivieres de Seine, de l'Efcaut &

du Rhin. Les Romains la divisoient en quatre Parties; sçavoir en Germanie premiere, Germanie deuxiéme; Belgique premiere, & Belgique seconde.

La Germanie premiere, ou haute Germanie, comprenoit les Villes de Spire, de Vuormes, de Strasbourg, de Basle, & quelques autres és environs du Rhin, dont la Capitale estoit Mayence.

La Germanie deuxiéme, ou Basse Germanie, s'étendoit sur les Pays des Tongres, du Brabant, de Flandres, de Hollande, & autres Provinces voisines de la Mer, dont la Ville Capitale estoit Cologne.

La Belgique premiere s'étendoit sur le Païs Messin, qui comprend les Villes de Toul, Mets & Verdun, & sur les autres circonvoisines, dont la Ville Metropolitaine estoit Tréves.

La Belgique seconde comprenoit les Villes de Soissons, de Chalons sur Marne, de Cambray, d'Arras, de Therouenne, de Boulogne, d'Amiens, de Beauvais, de Noyon, de Senlis, & autres és environs jusques aux Rivieres de Seine, & de Marne, qui avoient pour leur Capitale Rheims. Aujourd'huy le Pays des Belges comprend seulement la Hollande, la Zelande, la Flandre, la Gueldre, le Pays de Cleves, & autres Provinces du Pays-Bas, qui ne sont qu'environ la moitié de l'ancienne Gaule Belgique.

L'Aquitaine, aujourd'huy Guyenne, a esté en divers temps, de diverse étenduë. Lors que Cesar faisoit la Guerre dans les Gaules, elle s'étendoit seulement depuis la Riviere de Garonne, jusques aux Pyrenées. Octave-Auguste, son Successeur à l'Empire, l'agrandit de tout le Pays qui est entre les Rivieres de Garonne & de Loire.

Il y en a qui divisent la France en Dioceses ou Archeveschez, & les autres en Parlemens. Quelques-uns la divisent en Generalitez & les autres en Gouvernemens; Mais la division la plus claire & la plus nette qui s'en peut faire, est en Provinces, dans lesquelles les Archevesschez, les Evesschez & les Generalitez se trouvent. Pour les Gouvernemens, presque toutes les Provinces ont leurs Gouverneurs particuliers; & s'il y en a plusieurs dépendantes d'un seul, cela s'apprend par l'usage, c'est pourquoy je m'arresteray à la division de la France en ses Provinces, Villes & Rivieres principales.

Description des Provinces, Villes & Rivieres de France.

Provinces.	Villes.
1. L'ISLE DE FRANCE.	Paris, Soissons, Compiegne, Senlis, Beauvais, Fontainebleau, Melun, Moret, Poissy, Meulan, S. Germain, Pontoise.
2. LA BEAUSSE, Sous laquelle on comprend	Chartres, Orleans, Estampes, Chasteau-Dun, Vendosme, Blois, Dreux, Beaugency
LE GASTINOIS.	Montargis, Pluviers, Nemours, Gien, Briare, Loris.
3. LE PERCHE, Comté.	Nogent le Rotrou, Belesme, Mortagne, la Perriere, Montmirail.

X iiij

Provinces.	Villes.
4. LE MAINE, Duché.	Le Mans, la Ferté-Bernard, Sablé, Laval, Mayenne, Beaumont.
5. L'ANJOU, Duché.	Angers, Brissac, Saumur, Baugé, la Fléche, le Lude, Chasteau Gontier.
6. LA BRETAGNE, Duché.	Rennes, Nantes, S. Malo, Dol, Leon, Vannes, S. Brieu, Cornüaille, Triguier, Quimpercorentin, Morlais, Brest, Rohan, Dinan.
7. LA NORMANDIE. Duché.	Roüen, Avranches, Caën, Constances, Bayeux, Lizieux, Sées, Evreux, Dieppe, Alençon.

DE FRANCE.

PROVINCES.	VILLES.
8. LA PICARDIE.	Amiens, Calais, Boulogne, Abbeville, Crecy, Corbie, S. Quentin, Peronne, Laon, Noyon, Ham, Roye, Montdidier.
9. LA CHAMPAGNE, Comté, Sous laquelle on comprend,	Rheims, Troyes, Langres, Chaumont en Bassigny, Joinville, Vitry dit le François, Chalons sur Marne, Rhetel, Pont-à-Mousson, Mezieres, Charleville Rocroy.
LA BRIE.	Meaux, Brie-contre-Robert, Lagny.
10. LA BOURGOGNE, Duché.	Dijon, Auxerre, Mascon, Chalons sur Saone, Beaune, Authun, Auxonne, Charroles, Beaujeu.

PROVINCES.	VILLES.
Sous laquelle on comprend, l'Archevesc. de SENS,	Sens, Joigny, Montereau-faut-Yonne, Tonnerre, Chably.
LA BRESSE,	Bourg en Bresse, Belley, Gex, Dombes, Mirevel.
& LE NIVERNOIS, Duché.	Nevers, la Charité, Donzy, Pougues.
11. LE LYONNOIS, Comté,	Lyon, Coindrieu, S. Anduel, S. Genis, Laval.
Sous lequel on comprend, Le Païs de FOREST.	S. Estienne de Furens, Roanne, Feurs.
12. LE DAUPHINE'.	Grenoble, Vienne, Valance, Ambrun, Die, Briançon, S. Pol trois Chasteaux, Gap.
	Aix, Arles, Marseille, Toulon,

DE FRANCE.

PROVINCES. VILLES.

13.
LA PROVENCE,
Comté,
Sous laquelle on comprend,
{ Riez, Senez, Glandéve, Digne, Frejus, Cisteron, Apt, Tarascon, Grace, Vence.

Le Comté de
VENISSY.
{ Avignon, Carpentras, Vaison, Cavaillon.

Et la Principauté
D'ORENGE.
{ Orenge.

14.
LE LANGUEDOC,
Comté,

Sous lequel on comprend,
Le Comté de
{ Toulouse, Narbonne, Alby, Carcassonne, Castres, Beziers, Pezenas, Agde, Montpellier, Nismes, Castelnaudary, Viviers, Mende, Usez, Lavaur, Lodeve, S. Pons de Thomiers, Aleth, Rieux, S. Papoul, Beaucaire.

ROUSILLON,
{ Perpignan, Leucate, Salces, Elnes, Coliouvre.

PROVINCES.	VILLES.
Et le Comté de FOIX.	Foix, Pamiers, Mirepoix.
15. LA GUYENNE, Duché, Sous laquelle on comprend,	Bourdeaux, Libourne, S. Emilion, Blaye, Cadillac, Langon, S. Machaire, Marmande, Aiguillon, Agen, Bazas, Mont de Marsan, Acqs, S. Sever.
LA GASCOGNE, ou Comté D'ARMAGNAC,	Auch, Eufe, Nogaro, Condom, Lectoure, Gimont, Mirande, Nerac.
LA BIGORRE,	Tarbes, Bagneres, Campan.
Et le Comté DE COMMINGES.	S. Bertrand, Lombez, Couferans, S. Leger, Cazeres.
16. LE BEARN, Principauté,	Pau, Lefcar, Oleron, Navarreins, Ortez, Salus.

DE FRANCE.

PROVINCES.	VILLES.
Sous lequel on comprend, LaBasse NAVARRE,	S. Jean pied de Porc, S. Palais, Mauleon.
Et la BISCAYE, ou Pays des BASQUES.	Bayonne, S. Jean de Luz, Sibourre, Gramont, Bidache, Guiche.
17. LE PERIGORD.	Perigueux, Sarlat, Bergerac, Riberac, la Force, Bourdeilles.
18. L'ANGOULMOIS, Duché.	Angoulesme, Rufec, la Rochefoucault, Jarnac, Cognac.
19. LA XAINTONGE,	Xaintes, S. Jean d'Angely, Broüage, Marennes, Royan, Mortagne Aubeterre.
Sous laquelle on comprend. Le Pays d'AULNIX.	LaRochelle, Maran, Rochefort.
Et les Isles de RE' & d'OLERON.	S. Martin de Ré, Oleron.

PROVINCES.	VILLES.
20. LE POITOU, Comté.	Poitiers, Lusignan, Chasteleraut, Niort, Saint Maixant, Luçon, Lodun, Thoüars, Maillezais, la Trimoüille, Richelieu.
21. LA TOURAINE, Duché.	Tours, Amboise, Loches, Montbazon, Chinon, Chenonceaux.
22. LE BERRY, Duché, Sous lequel on comprend, LA SOLOGNE.	Bourges, Issodun, Sancerre, Aubigny, Vatan, S. Agnan. Romorantin, S. Diez, Clery, S. Laurens des Eaux, Chambort, Gergeau.
23. LE BOURBONOIS Duché.	Moulins, Bourbon-l'Archambault, Bourbon-Lancy, Montluçon.

DE FRANCE.

PROVINCES.	VILLES.
24. L'AUVERGNE, Comté, Sous lequel on comprend,	Clermont, Saint Flour, Iſsoire, Rion, Aurillac, Murat.
LE VELLAY.	Le Puy, Solignac, Polignac, S. Didier.
25. LE LIMOSIN, Vicomté, Sous laquelle on comprend,	Limoges, Tulles, Brive-la-Gaillarde, Turenne, Ventadour, Pompadour, Uzerche.
LA MARCHE.	Gueret, Glenic, le Dorat, Belac.
26. QUERCY.	Cahors, Montauban, Gourdon, Figeac, Soüillac, Martel.
27. ROVERGUE.	Rhodez, Vabres, Ville-Franche, Ville-Neuve, Saint Antonin, Arpajou.

Description des Rivieres de France.

LA France est arrosée de quantité de Rivieres qui font sa fecondité dans toutes les choses necessaires à la vie de l'Homme. On en compte cinq principales, qui s'enflent des eaux que les particulieres qui foisonnent dans le Royaume, versent dans leur sein. Ce sont la Seine, la Loire, la Garonne, le Rhosne & la Saone, dont nous allons parler.

1. La Seine.

La Seine prend son origine dans la Duché de Bourgogne, proche un Village appellé S. Seine, à quelques lieuës de Dijon. Apres avoir couru quelque temps dans cette Province, elle entre dans la Champagne & y arrose la Ville de Troyes, avec plusieurs autres de moindre consideration: En suite elle va passer par l'Isle de France, où elle lave de ses eaux, Melun, Corbeil, Paris, S. Germain, Poissy, Meulan & Mante. Au sortir de l'Isle de France, elle entre dans la Normandie & passe par les Villes du Pont de l'Arche, de Roüen, de Quillebeuf, de Honfleur & du Havre de Grace, où elle se

décharge

DE FRANCE

décharge dans l'Ocean Britannique, ou Mer d'Angleterre.

2. La Loire.

La Loire prend sa naissance des Montagnes qui separent le Vivarez en Languedoc, & le Pays de Vellay en Auvergne. D'abord elle entre dans le Pays de Forest, qui est une dépendance du Lyonnois, & passe par Roüanne, où elle commence à porter Batteau, en suite elle passe par le Bourbonnois, où elle arrose Bourbon-Lancy, & par le Nivernois, où elle lave de ses eaux Nevers & la Charité : Au sortir du Nivernois elle separe la Beauce d'avec le Berry & la Sologne, & se va rendre à Orleans & à Blois, Villes de la Beauce : Apres elle entre dans la Touraine, & passe par Amboise & Tours, puis elle va visiter l'Anjou, & arrose de ses eaux Saumur ; Enfin elle va passer par la Bretagne, où elle lave de ses eaux Nantes, au dessous de laquelle elle les va jetter dans l'Ocean.

3. La Garonne.

La Garonne vient des Monts Pyrenée aux confins du Comté de Cominges, où passe par S. Bertrand & Cazeres : Ensi elle entre dans le Languedoc, & apres avoir arrosé Toulouse, Verdun & Castel-Sarrasin, elle va passer par la Guyenne, & lave de ses eaux Agen, le Port Sainte Marie, Tonneins, Marmande, la Reole, S. Machaire, Langon, Cadillac & Bordeaux, au dessous de laquelle la Dordogne se joint proche Bourg avec la Garonne, qui perd son Nom en cet endroit pour prendre celuy de Gironde, & sous ce nom elle porte ses eaux dans l'Ocean, apres avoir passé par Blaye Ville du Bourdelois, par Cognac, Mortagne & Royan Villes de la Xaintonge.

4. *Le Rhosne.*

Le Rhosne naist dans le Pays des Grisons, lequel apres avoir passé par le milieu du Lac de Geneve va se rendre à Lyon: Ensuite il entre dans le Dauphiné, & arrose de ses eaux les Villes de Vienne, de Valence & autres de moindre consideration dans cette Province. Au sortir du Dauphiné elle separe dans son cours le Languedoc de la Provence, où elle lave de ses eaux les Villes d'Avignon, de Tarascon, au dessous de laquelle il se va jetter par plusieurs branches la Mer Mediterrannée.

5. La Saone.

La Saone vient des Montagnes qui separent la Lorraine d'avec la Franche-Comté, où elle arrose plusieurs Villes : En suite elle entre dans la Duché de Bourgogne, & se va joindre à Lyon au Rhosne, apres avoir baisé de ses eaux les Villes d'Auxonne, de Bellegarde, de Verdun, de Chalons & de Mascon dans la Bourgogne.

Voila les cinq principales Rivieres de France : Il y en a plusieurs autres moins considerables dont je ne parle pas : On pourra consulter la Carte du Païs, pour en avoir la connoissance, & il n'est pas besoin d'avoir un Guide pour cela.

De mesme en décrivant les Provinces de France, je n'ay pas crû estre necessaire de parler de quelques Pays particuliers qui s'y trouvent enclavez, & qui sont marquez sur la Carte, le jugement de chaque particulier leur peut faire faire cette distinction d'eux-mesmes : Comme dans la Normandie, il y a les Païs de Caux, le Bessin, le Constantin & autres. Dans la Picardie, il y a le Comté de Ponthieu, la Terre ou Comté d'Oye, le Vermandois, la Tirasche & autres. Dans le Languedoc, il y a l'Albigeois, le Gevaudan ou les Cevenes, le Vivarez & autres. Dans la Guyenne, il y a le Bourdelois, qui comprend les Pays de Medoc, d'Entre-deux-Mers, de Graves, & les Landes: Le Bazadois, le Condommois, l'Agenois, la Duché d'Albret, le Comté d'Esterac, le Marsan, la Chalosse & autres. Il en est de mesme de plusieurs autres Provinces.

Des Villes où on bat la Monnoye.

IL ne sera pas hors de propos d'avertir les Etrangers qui ne sçavent pas pourquoy nostre Monnoye est marquée de differentes Lettres, qu'il y a quelques Villes en France destinées à la fabrique des Monnoyes; & afin que l'on puisse connoistre en quel endroit elles ont esté battuës, on les marque d'une Lettre de l'Alphabet. Voicy le Catalogue de toutes celles qui ont droit d'en faire battre, avec leurs marques particulieres.

A. Paris, dans l'Isle de France.
B. Roüen, en Normandie.
C. S. Lo, en Bretagne.
D. Lyon.
E. Tours, en Touraine.

F. Angers, en Anjou.
G. Poitiers, en Poitou.
H. La Rochelle, dans le Païs d'Aulnix.
I. Limoges, dans le Limosin.
K. Bordeaux, en Guyenne.
L. Bayonne, sur les confins du Bearn & des Landes de Bordeaux.
M. Toulouse, en Languedoc.
N. Montpellier, en Languedoc.
O. Rion, en Auvergne.
P. Dijon, en Bourgogne.
Q. Narbonne, en Languedoc.
R. Villeneufve, dans le Comté de Venissy, en Provence.
S. Troyes, en Champagne.
T. Nantes, en Bretagne.
V. Amiens, en Picardie.
X. Aix, en Provence.
Y. Bourges, en Berry.
Z. Grenoble, en Dauphiné.
&. Rennes, en Bretagne.

Remarquez que dans tout le Royaume de France, il n'y a qu'une Cour des Monnoyes, residante à Paris : Autrefois elle estoit unie à la Chambre des Comptes, dont elle a esté démembrée. Henry II. l'érigea en Cour Souveraine, & elle suit immediatement la Cour des Aydes dans les Ceremonies publiques. Cette Cour a esté érablie pour veiller à la fabrication des Monnoyes, & pour connoistre des delits, abus & malverfations commifes par les Maiftres de la Monnoye, foit d'or, foit d'argent. Elle connoift auffi des Crimes de fabrication & expofition de fauffe Monnoye, & des contraventions aux Ordonnances concernant les Monnoyes : De plus elle a droit de verifier les Edits & Declarations qui regardent les fabrications & changemens des Monnoyes; elle a encore la connoiffance des Poids & de toutes les conteftations qui surviennent fur le fujet defdites Monnoyes.

FIN.

Table contenant les Noms de toutes les Villes décrites dans cet Ouvrage.

A
Abbeville,	80
Agen,	131
Aix,	151
Alençon,	95
Amiens,	81
Angers,	108
Angoulesme,	122
Arles,	149
Arras,	79
Avignon,	141
Avranches,	93
Autun,	43
Auxerre.	47

B
Basle,	38
Bayeux,	92
Beaune,	43
Beauvais,	83
Belesme,	95
Besançon,	39
Blois,	98
Bois de Vincennes,	25
Boulogne,	78
Bourdeaux,	115
Bourges,	65
Brisac,	38

C
Caën,	91
Calais,	77
Cahors,	132
Châlons sur Marne,	33
Châlons sur Saone,	42
Chartres,	96
Compiegne,	76
Conflans,	24
Constances,	93

D
Dieppe,	84
Dijon,	44
Dole,	41

F
Fontainebleau,	21

G
Geneve,	49
Grenoble,	155

H
Havre de Grace,	93

L		Pont à Mouſſon,	35
Laon,	74	**R**	
Limoges,	125	Rennes,	113
Lyon,	54	Rheims,	37
M		La Rochelle,	114
Le Mans,	94	Roüen,	85
Marſeille,	153	Ruel,	28
Meaux,	34	**S**	
Mets,	35	S. Clou,	29
Montauban,	133	S. Denys,	25
Montpellier,	139	S. Germain,	26
Moulins,	63	Saintes,	121
N		Saumur,	107
Nancy,	31	Sedan,	36
Nantes,	112	Senlis,	76
Narbonne,	137	Sens,	47
Nevers,	64	Soiſſons,	75
Niſmes,	140	**T**	
Noyon,	82	Toulon,	154
O		Toulouſe,	134
Orenge,	145	Toul,	32
Orleans,	69	Tours,	102
P		Troyes,	46
Paris,	2	**V**	
Perigueux,	123	Vaux,	24
Peronne,	74	Verſailles,	27
Poitiers,	127	Vienne,	157

Fin de la Table.

www.ingramcontent.com/pod-product-compliance
Lightning Source LLC
Chambersburg PA
CBHW060156190426
43199CB00043B/2392